# 人人都是播客

蒋祎娜 · 著

阳志平 · 主编

电子工业出版社

**Publishing House of Electronics Industry**

北京 · BEIJING

**图书在版编目（CIP）数据**

人人都是播客 / 蒋祎娜著；阳志平主编 . —北京：电子工业出版社，2023.7

ISBN 978-7-121-45619-0

Ⅰ. ①人… Ⅱ. ①蒋… ②阳… Ⅲ. ①网络营销 Ⅳ. ① F713.365.2

中国国家版本馆 CIP 数据核字（2023）第 085615 号

责任编辑：李　影　liying@phei.com.cn

印　　刷：三河市良远印务有限公司
装　　订：三河市良远印务有限公司
出版发行：电子工业出版社
　　　　　北京市海淀区万寿路 173 信箱　邮编：100036
开　　本：880×1230　1/32　印张：9.125　字数：193 千字
版　　次：2023 年 7 月第 1 版
印　　次：2023 年 7 月第 1 次印刷
定　　价：78.00 元

　　凡所购买电子工业出版社图书有缺损问题，请向购买书店调换。若书店售缺，请与本社发行部联系，联系及邮购电话：（010）88254888，88258888。

　　质量投诉请发邮件至 zlts@phei.com.cn，盗版侵权举报请发邮件至 dbqq@phei.com.cn。

　　本书咨询联系方式：（010）88254210，influence@phei.com.cn，微信号：yingxianglibook。

# 播客属于每一个人

祎娜跟我说她写了一本叫《人人都是播客》的书，希望可以影响更多人成为音频领域的创作者，想让我为之写序。我甚感欣慰。

过去几年，在为创作者服务这件事情上，我经常能看到她的身影。她入职喜马拉雅的岗位是产品中心的用户研究，后来在主播生态中心及公司内部创新项目中，负责面向创作者的产品运营工作。她的方向一直很明确：为创作者排除障碍，铺平道路。做用户研究时，她关注创作者创作全流程的痛点、需求，推动相关问题的解决；在主播生态中心时，她参与完整的创作者服务体系，降低音频创作的门槛，构建创作者的成长体系；在创新项目中，她也全力打造原创内容创作的即时互动氛围，让创作者有创作心流，体会创作的魅力，建立根据地，让创作成为更多人的生活方式。《人人都是播客》这本书的创作也延续了一样的课题。她总结了过往的经验，给更多的播客创作者提供一些有益的参考。她一直在做自己热爱的事情，而这也是喜马拉雅公司文化的体现——每个人都能登上自己心中的喜马拉雅。

播客日益渗透和影响着我们的生活。声音媒介天然具有建立亲密关系的能力，播客通过声音陪伴人们的生活，感染和浸润人心，让人们的碎片时间更有价值，让人们收获精神富足。这也是播客日渐受到年轻人追捧的原因，它已成为年轻人对抗孤独、抚慰心灵、收获新知的陪伴利器。

最近几年，播客日益流行，逐渐成为年轻人的生活方式；越来越多的创作者开始通过音频播客表达自我，分享知识、观点和生活。就像我们可以用文字、图片或视频的形式来创作一样，播客成为内容创作的蓝海。

关于播客，我的理解是：播客是一切语言类原创内容。播客不是一小撮人的创作和消费，播客应该是全民的。正如这本书所说：播客属于每个人。作为深受用户喜爱的音频平台，喜马拉雅有责任和义务让更多人了解和喜欢播客，引领中文播客从小众走向大众。

前段时间，我们还在浙江省丽水市缙云县仙都风景区岩宕召开了一次播客创作者大会。岩宕曾是当地的废弃采石场，经知名建筑师设计改建，成为当地独具特色的艺术打卡地。去年，缙云县与喜马拉雅在此合作开发了"喜笑岩开"岩宕书房，我们在秀水奇峰和人文气韵中，讨论播客的发展和未来。

扶持播客是目前喜马拉雅内容生态拓展的重要方向。为此，喜马拉雅创新了以创作者为中心的服务，打造创作者引入和孵化的完整体系，提供从产品、运营到商业化的全程服务，并通过升级产品、工具、服务及流量扶持等举措，让更多的优质创作者被听见，为他们的成功助力。

比如书中所提到的云剪辑。它无须下载安装，在线即可剪辑，它集智能音量、智能配乐等强大功能于一身，是行业首款在线多轨剪辑轻应用，并首次实现音频文字化剪辑。一直以来，喜马拉雅在 AI 技术上投入很多资源来支持创作者，降低创作者的门槛，提升创作效率，让音频创作变得更智能和人性化，把创作者从纷繁复杂的专业剪辑软件中解救出来，让创作者在站内实现音频内容在线录制、在线后期制作、一键发布的创作闭环。

喜马拉雅也很关注原创播客在平台的成长。创作力等级体系守护创作者，帮助创作者从不同维度综合评估自己的潜力，获得个性化内容诊断，完成"萌新期、潜力期、成长期、成熟期"的成长。

作为国内深受用户喜爱的音频平台，喜马拉雅致力于提供一家人一辈子的精神食粮，目前已用声音连接和服务了数亿用户。喜马拉雅将用科技汇聚优秀创作者，分享人类思想情感，提供高质量陪伴，让每个人收获精神富足。喜马拉雅能提供的远不止是听书，播客主播有非常大的空间和机会。

我看了《人人都是播客》这本书，觉得它对新手播客很友好。它打破了制作过程的神秘、创作身份的迷思，召唤读者最原生的表达热情。人人都可以做播客，这本书是你在启动创作生活方式的指导手册，也是一份诚挚的邀请。

未来的时代，播客让更多人之间建立信任连接，有机会让更多人讲出自己的观点和故事。我们希望每个人可以被听见。我们相信再小的声音，也值得被听见。

如果正在阅读此书的你希望成为一名播客主播，那么喜马拉雅将在你背后，为你打call。

余建军　喜马拉雅创始人兼CEO

2023 年 3 月 23 日

## 倾听黑暗中的声音

十年前，我第一次作为嘉宾参加了一档播客节目。那是一位当红心理咨询师主持的节目。在那一期中，她与我，以及另两位心理学界的朋友共聊。

那是一次新鲜的体验。渐渐地，我与这位心理咨询师多了一些来往。有一天，大家相约聚餐。在等待期间，她突然放声大哭。

究竟发生了什么？朋友们都不知道。

或许是因为创业前途未卜的压力，或许是与伴侣之间感情的波动，抑或其他我不知道的原因。

然而，当她拿起播客话筒时，她依然用温暖的声音，向互联网那头的听众传递着力所能及的关怀与温情。

这件小事给我留下了极为深刻的印象。也许，当我们在黑暗中倾听播客时，主播正在为某些事情而烦恼。

但是，当他们通过声音来传递情绪时，烦恼似乎消失了。

同样，当我们从日常的琐碎中抽身出来，在倾听播客时，自己的烦恼似乎暂时也消失了。

某种意义上，这才是播客最为独特的价值：黑暗中的陪伴。

在所有信息媒体中，播客是一种极为特殊的媒体。

因为它营造了一种亲密且安全的沟通氛围。

我们行走在21世纪的信息洪流中，就好比小儿持金过闹市，无数信息媒体都在争夺你的注意力。

与直播相比，播客没那么侵入，主播看不到你的任何举止，你可以将播客当作背景音乐，在主播的陪伴下，或工作或带娃，甚至慢慢入睡。在你的生活空间里，播客可以无处不在、无时不在。而你，是安全的，是有隐私的。

与图文相比，播客没那么冰冷，优秀的播客必然情绪饱满，或激昂或消沉，时而欢乐时而热闹。每一位成熟的主播，都必然具有让人欣赏的性格。在孤独的深夜里，那些长期倾听的播客，宛如老友重逢，让你对生活充满期盼——下一期什么时候到来呢？

与视频相比，播客没那么沉重。拿起话筒，即可制作；掏出耳机，即可收听。作为播客的生产者，你并不需要多么庞大的制作团队；作为播客的倾听者，你也不会打扰身边的同事与家人。

播客，是一种更亲密、更温暖、更轻盈的媒体。

现代社会，人人渴望亲密关系，然而，过快的社会节奏、复杂的利益冲突，使得人们不得不经常感到孤独。不少人索性放弃社交，加入"宅男宅女"一族。幸好，还有成千上万位播客主播在深夜陪伴你。

又因为播客媒体自身的气质，一分温暖往往被放大为三分温暖，在寒冷的深夜，在前途未卜之际，在孤单寂寞之时，给你前行的动力。

但它又是轻盈的，你可以随时按下快进、暂停与回放。甚至随着你对播客了解日深，你可以轻而易举地成为一名主播。

祎娜拥有社会学和心理学背景，同时长期深入播客生态，因此她的新作《人人都是播客》尤其凸显播客自身的独特性。如果你想更好地了解播客的世界，她的这本书将带你领略一个又一个优质播客，在黑暗中，与你共同倾听那些亲密、温暖且轻盈的声音。而从消费者转变为创作者时，她的这本书将引导你迅速制作出自己的第一档播客，让全世界倾听你的声音。

这是一件多么有趣的事。期待你，在《人人都是播客》一书的帮助下，踏入播客世界的大门，享受倾听播客、制作播客的乐趣。

阳志平

安人心智董事长，心智工具箱公众号作者

2023 年春于北京

# 1

本书完稿于2022年5月，当时新冠疫情还在持续，我在家隔离了一个半月。

在疫情大背景下，播客的价值格外凸显。2020年被称为中文播客元年，这和新冠疫情的暴发关系密切。疫情之前，大家随时可以约在会议室、网红咖啡店、人气餐厅见面。彼时，播客是冷门、小众、低效率的媒介。而此刻，人们因疫情隔离，保持着社交距离，播客的力量由此显现——有温度的声音、有深度的对话，拉近了人心的距离。在这两三年的时间里，播客慢慢走进了越来越多人的生活。

播客有"娓娓道来教知识，真诚热烈说故事，有条有理讲观点"的特点，同时，它也是主播们语言表达、学识广度、共情能力、人格魅力的立体体现。

对播客的喜欢也影响了我的职业选择，过去6年间，我都在喜马拉雅工作。

2016年，我发现了播客App，入了播客坑。那时能找到的中文播客内容特别少，直到我在地铁站看到喜马拉雅App的广告，惊喜地发现它的中文音频内容非常丰富。回家后，我认真地了解了这家公司，并发现了适合我的、与我的兴趣和追求很匹配的工作岗位，就求职进入了这家公司。

起初，我在喜马拉雅主要做用户研究，负责优化创作者在音频创作端的体验；随后，我加入主播生态部门，为优秀的创作者提供服务，让更多创作者了解音频并通过播客这种形式发挥才华，丰富中文播客生态；同时，我也参与创新项目，策划连麦直播活动，让播客场域从异时到同步，让播客通过聊天共创发生。6年的时间，遇到很多困难，也有很多收获，因此，我想和大家分享播客的魅力，也想邀请大家一起来做中文播客。

## 2

本书共10章，可分为4个部分。

第一部分是第1章，是概览和引入。我会和你分享播客的魅力到底在哪里，听播客和做播客分别是怎样的体验，做播客有什么价值，以及我推荐你做播客的原因。

第二部分是第2～8章，是播客内容制作的详细教程。也是本书最重要的部分，我会手把手教你如何做出自己的第一档播客节目。

第三部分是第9章，是我对播客运营相关话题的思考。节目制作完成后，就要重点讨论如何运营播客节目，完成用户收听、接收内容价值、消费的闭环。除此之外，此部分还会提及与创作相关的法务常识和商业常识，如内容版权注意事项、播客内容商业化的途径等。

第四部分是第10章，是对播客的展望，不设限制，畅想未来播客的发展及它对我们生活的意义。

我在写这本书时，始终以最低门槛和最小行动为标尺，我认为播客的实践性比它的理论知识学习更重要。

最低门槛和最小行动，具体体现在以下几个方面的内容设计：

1）每个章节都设计了小练习。你可以把它们当做你播客之旅的目的地，在各种小行动和小反馈中，找到感觉，找到信心，渐渐铺垫你的播客路。

2）选择了简化的工具组合。带你大致了解播客工具后，会以最简化、性价比最高的基本原则来帮你配置工具。例如，我会在书中推荐手机录制、连麦录制等简单的录制方法，以及云剪辑等简单的后期软件。

3）划分难度等级。除了第1章的引入和第10章的展望，中间的章节基于难度和深度拆分了3个层级。第2～4章是入门级，第5章和第6章是初级，第7～10章是进阶级。也就是说，你可以先完成最简单的层级，再到下一轮的层级上进阶优化。

4）极力降低认知负荷。第2～8章是最主要的创作部分。我把创作部分分成两个板块——声音处理和内容创作；把创作行动分成3种类型——认识、行动和修改。在具体章节中，我会指出你需要专注的部分，避免同时考虑多个角度的问题，增加行动的难度和阻力。

第 2～8 章所包含的内容板块、行动类型和难度等级，可以参考以下这张表格。

表　播客学习的内容板块、行动类型和难度等级

| 章节 | 标题 | 内容板块 | 行动类型 | 难度等级 |
|---|---|---|---|---|
| 第2章 | 找到你的声音风格 | 声音 | 认识 | 入门级 |
| 第3章 | 好播客，坏播客 | 声音、内容 | 认识 | 入门级 |
| 第4章 | 播客工具箱 | 声音 | 认识 | 入门级 |
| 第5章 | 开始你的第一个节目 | 声音、内容 | 行动 | 初级 |
| 第6章 | 播客优化清单 | 声音、内容 | 修改 | 初级 |
| 第7章 | 典型播客类型 | 内容 | 认识 | 进阶级 |
| 第8章 | 播客进阶 | 声音、内容 | 修改 | 进阶级 |

不要被复杂或专业的流程吓住。先行动起来，干了再说。完成大于完美，找到做播客的感觉，坚持一段时间，保持住自己的热情，如果热情不灭，再在自己可投入的精力、时间、预算范围内慢慢提升。

## 3

你可能是一个主播，也可能只是一个爱听播客的用户，是一个爱聊天唠嗑、热衷记录自己的生活并留下回忆的人。面对每一位阅读这本书的创作者，我都需要回应的问题是：为什么要听我来讲如何做播客这件事？

虽然我的工作经历大部分不是专业的内容创作者，但我在过去为

主播们提供服务的工作中，了解到很多他们反馈的问题。我知道他们的痛点，也深谙普通人对播客创作的困惑与误解。

和很多知名的播客创作者相比，我平平无奇。我只做过一档实验性的播客节目——《月球沙发客》。它是和一线专业心理从业者对话的节目，关注现代人的精神状态，分享心理健康保健方法。略惭愧，节目数量和数据都很一般。但是，知行合一是我做这档节目的初衷。工作中面对很多主播的问题，实际经历之后，我有了切身体会，清楚真正的困难和障碍在哪里。也正因如此，我会用更基础、对新手更友好的方式，跟你分享我对播客的认识和实践的经验。

播客是很亲民的创作形式，低成本也可以创作出非常优秀的作品，它可以像写作、摄影、视频等领域一样百花齐放。市面上有很多"教你如何做"系列的入门书，但中文播客领域却只在网上流传着一些较为分散的经验分享、制作指南、干货文档。本书可以算是中文播客领域第一本专门说如何做播客的书。我希望可以通过本书不遗余力地宣传播客创作这件事，我也期待后续会有更多优秀的播客创作者，愿意分享他们的经验、方法和收获。

本书可能会有一些瑕疵，但这不会影响我对你能早一步发现播客的魅力、打开你的麦克风、发出你的声音的期盼。我期待播客成为被更多人喜欢的创作生活方式，期待中文播客领域因你的加入而涌现更多好作品。

内容的天花板依然很高，创作是需要不断精进的道路，中文播客的巅峰值得期待。请不要带着"一劳永逸"的想法阅读这本书，进步会发生在起心动念、实践复盘、再次出发的每个时刻。持续实践道路上，你一定会不断邂逅好作品、好主播、好标杆，这些都会引导你成为一个成熟的创作者。届时，这本书也就完成了它的使命。

希望你通过本书了解播客，希望播客成为你日常生活中的一部分，希望你享受播客的乐趣。

# 目录
CONTENTS

CHAPTER **03** **好播客，坏播客**

Chapter **04**　播客工具箱

Chapter **05**　开始你的第一个节目

CHAPTER **06** 播客优化清单

CHAPTER **07** 典型播客类型      123

Chapter **08** 播客进阶

CHAPTER **09**　播客运营

CHAPTER **10**　播客的未来

# 来自播客的邀请

朋友你好，你有没有听过播客节目呢？

作为互联网原住民，你或许习惯了靠视觉接收信息——每天打开手机的很多App，长时间用眼睛浏览审阅各种信息。但如果用播客来接收信息，你就可以解放眼睛，用耳朵接收信息。

打开一个播客App，一边跑步，一边听最近大家讨论的热点话题；一边打扫做饭，一边听一个扣人心弦的故事；一边等车，一边听你关注的人聊你喜欢的图书和电影。

听播客节目是节奏舒适、让人安心的体验。如果你爱听，一定会隐约感觉：这些主播挺有意思，录节目似乎没什么难度，我或许也行？的确，录制播客节目不难，也值得尝试。播客是一项关于创作和表达的艺术，创作过程本身也充满了乐趣。

本书会从播客节目的通用创作流程聊起，让你初窥播客世界的精彩；也会针对播客节目创作的各个环节，将最实用的知识和技巧呈现在你面前，带你入门并练习。

因为工作原因，我听过上千档播客节目，也接触过上百个播客主播，归纳总结了一些通用的、好操作的方法，经由此书分享给大家。本书特别适合听过播客节目并且准备做播客或刚刚开始探索播客的朋友，对开启你的播客之旅有很大的帮助，是你在主播成长之路上实用的操作手册。

## 1.1　播客在你身边

我第一次了解到播客，是通过苹果手机一个叫播客（Podcast）的

App。名字有点陌生，但打开后感觉很熟悉，类似小时候听的广播节目。中文环境中比较密集地听到大家谈论播客，是在2020年疫情之后。防疫令社交距离变远后，播客这种内容形式大大拉近了人与人之间的心理距离。

## 1. 什么是播客

播客英文名字是Podcast，这个词是iPod和broadcast的组合。简单来说，就是移动设备（如iPod）播放的，类似广播电台的音频节目。苹果公司创始人乔布斯对播客App的描述是：它是下一代收音机。

### （1）播客发展简史

实际上，播客技术出现的时间比苹果做播客App更早，这里简单带大家回顾一下播客发展的小历史：

1997年起，播客相关技术出现并开始发展。

» 1997年，网景公司开发了一种信息聚合技术——RSS（Rich Site Summary）技术，它可以描述和同步网站内容的格式框架，可以提供方便、高效的互联网信息发布和共享服务。RSS技术让每个人都有机会成为信息提供者。

» 1999年，基于RSS技术的网络日志博客诞生。

» 2001年，RSS技术升级，可以分享数字音频文件，并被内嵌到博客软件中。

» 2001年，苹果公司推出便携式数字多媒体播放器iPod。

2004年是播客诞生之年。

» 年初，记者本·汉默斯利在英国《卫报》发表的文章《听觉革命：在线广播遍地开花》最早提出了 Podcasting 的概念，是一种新的数字广播技术。

» 9 月，美国人亚当·库里发布了名为 iPodder 的软件。通过 iPodder，用户可以订阅并下载互联网上的声音节目，在需要的时候收听。同期，他开通了世界上第一个播客网站"每日源代码"，这一事件被认为是播客诞生的标志。亚当·库里也因此被称为"播客之父"。

» 年底，播客进入中国。

- 国内首批站点推出播客服务，如土豆网、播客中国、播客天下等。

- 土豆网创始人王微是播客早期的推动者之一，据说"播客"的中文译法就是他的提议。在刚被引入中国时，它曾有"爱波""爱播""广波""波刻""网播""聚播""随身播""自由播"等候选译法。但由于"博客"这个词已经深入人心，最终"播客"成为约定俗成的译法。

- 一些富有个性的播客节目，如《反波》《有一说二》《聆听雨婷》开始在互联网上广泛传播。

2005 年被称为播客元年。

» 苹果公司发布有播客功能的音乐软件 iTunes4.9，并推出让用户可以搜索和订阅播客节目的播客目录。

» Podcasting 一词入选《新牛津美语字典》年度热词，它是 Broadcasting 和 iPod 的合成词，定义为"为订购用户提供的可

分发的数字化音频文件"或"一种从互联网下载到个人语音
播放器中的数码录音电台广播或类似的节目"。

2011年后，音频平台快速发展。

» 2011年，移动智能设备的普及结合高速的移动网络和无线网
络，让智能手机成为网络音频收听的主力设备，音频类App
如蜻蜓FM（2011）、凤凰FM（2012）、懒人听书（2012）、喜
马拉雅FM（2013）、荔枝FM（2013）、考拉FM（2013）等大
量出现。

» 2019年，更多群体开始选择收听播客内容。艾媒咨询《2019—
2020中国在线音频专题研究报告》指出，2019年中国有4.89
亿在线音频用户，中国在线音频迎来"耳朵经济"全场景高
速发展期，数字音频市场的发展前景一片广阔。

2020年，肆虐全球的新冠疫情意外加快了播客的发展。

» 基于RSS技术的中文播客平台App"小宇宙"上线；喜马拉
雅独立的播客频道上线，并推出"播客热播榜"；网易云音
乐、QQ音乐做出针对播客内容的产品调整；快手发布播客
App"皮艇"；荔枝发布"荔枝播客"App。

» 各种类播客形式的线上交流、研讨、论坛、讲座涌现，相应工具
和技术也越来越完善，例如，视频会议工具、互动播客工具、
ASR（Automatic Speech Recognition）、语音信息处理技术等。

### （2）播客内容形式

什么样的形式才是播客呢？

播客早期的精神内核是人人都可以自主分享信息，并没有严格限定形式是音频还是视频。当我们回顾播客发展简史时，会发现一个有意思的事情，中文领域最早的播客平台是土豆网，它是一个视频网站。实际上，现在很多播客节目也带有视频，会在视频网站播出。本书只讨论音频形式的播客，因为在播客发展的过程中，无论是设备还是场景，都是以收听为主。即使是视频类播客，也是以语言表现为主，视频补充表情和互动信息，对信息量没有本质的提升作用。

不是所有可以收听的内容都被归为播客。在移动收听应用快速发展过程中，音乐和有声书是更大众化的消费内容，更满足大众的娱乐需求；其次是有声课程，满足大家获取知识的成长需求。本书讨论的播客，不包括单纯的音乐和出版物有声化等内容形式，限定在有深度、有质量的原创表达和谈话节目里，内容可能是观点或故事。

疫情激发了人们对即时交流的渴望，也带火了很多直播形式的播客节目。直播播客和录播播客相比，对新手主播更简单友好，录制成本和创作门槛更低，且交流更及时，现场感、对象感更强，易于带来沉浸体验，放大播客的魅力。所以本书同样关注直播播客的形式。

综上，本书讨论的播客会做以下3个限定：1）非视频；2）非音乐、非出版物有声化；3）直播和录播皆可。

### 2. 听播客的理由

很多人认为播客难以直观展示，听时需要反复定位；向别人分享时，也很难像文字、视频一样直达目的，是慢消费内容，获取信息效率低。但依然有越来越多的人爱上了播客。为什么大家爱听播客？我们来看看他们是怎么对播客上瘾的。

　　我之前空闲时会刷抖音，很爽地刷几个小时，但刷完了总会觉得很空虚，时常会觉得愧疚和懊悔。后来接触到了播客，听到一些比自己有见识的人针对某个观点展开讨论，不自觉会将自己代入其中，随着他们的话题，开始自己的思考，有意识地去了解一些自己没有接触过的行业。慢慢地了解的知识越来越多，喜欢的播客也越来越多，了解的行业也越来越多。现在我每天都会听播客，仿佛每天都有一群智者与自己对话，享受这种安静高质量的陪伴。

——陈里里

　　世界瞬息万变，作为一个互联网从业者，尤其要及时了解最新的、有价值的信息，但是互联网噪声太多，播客就成为很适合的信息载体，订阅制可以让我很方便地定制信息渠道，加之播客创作者相对专业，可以带来更多新的视角和思考。播客在成年人时不时空洞的生活里，是高质量的精神陪伴。我还记得第一次一个人开长途，是一期讲互联网黑话的播客陪了我全程，热闹、幽默充满了我的旅途，真是愉快的体验啊！

——泖影潚洐

　　听主播们聊天，轻松自在的氛围让我非常喜欢。朋友之间相互打趣的化学反应很美妙。

——星光

　　我听播客是因为孤独，我是个独处比较多的人。听播客某种程度上，类似与人的社交、对话。我听个人主播的播客节目，也是觉得这种播客更像朋友。对于听众来说，播客听得多了，就会有一种陪伴的感觉。对于播客来说，这项难以盈利的活动在自己的表达欲耗尽之后，可能就要靠着听众的鼓励坚持下去。所以，我会把播客认为是一种主播和听众相互陪伴、共同消除孤独的事情。

——阿坑

不知道你为什么爱听播客呢？以上的这些描述，可以总结出播客能给我们带来的体验和价值。

**（1）解放眼睛，利用碎片时间获取信息**

听播客节目是空余时间的一种选择。在公交车、地铁上听会儿，漫长的通勤时间就变得没那么难熬；在旅行途中听会儿，也能缓解舟车劳顿；在跑步、健身时听会儿，让自己沉浸在声音的世界里，不知不觉就会忘了身体的劳累。

相较于文字和视频的形式，从播客中获取信息更轻松。听与看最大的区别是，听不需要我们停止手上的动作来特地进行，我们可以边看边听，边吃边听，边睡边听，可以边做任何其他事情边听。

摄入信息密度高，场合更灵活。听播客节会让那些无聊的时刻瞬间变得有趣起来。

**（2）重拾好奇心和探索欲**

播客像是装着许多观点和想法的黑盒子，需要我们用好奇心去开启。

我们中的很多人每天都重复着两点一线的生活，知道的不过是心脏在身体的左边，春天之后是夏天。播客扩大了我们的生活半径，来自各行各业的主播们，对世界始终抱有好奇心和探索欲。他们有招人喜欢的态度，不讨巧地一步一个脚印，不迎合地一点一滴积累，不易初心地日复一日坚持；他们也从来不缺生活的乐趣，从食谱论及管理学、从八卦周刊讲到社会趋势，甚至空中跃下的猫，都能让他们对建筑防震理论侃侃而谈。

作家和历史学家的对谈，记者和游戏研究者的讨论，编剧和宇宙学者的闲谈，这样的跨领域交流在过去是可遇而不可求的，但是现在我们只要打开客，就可以足不出随时随地收听。

播客节目经常会提出一些我们可能未曾思考过的问题，而做客节目的专业人士也会提供很多有趣的答案。用说话这种形式来呈现层层递进的观点和情绪，不仅让接收信息的过程非常舒适，还能激发我们深度了解感兴趣内容的欲望。就像是开启了一扇新世界的大门，往往听完一档节目后还想要了解更多。

**（3）遥远的相似性，来自陌生人的陪伴感**

播客是个很好的容器，无论是精心编排还是随性发挥的节目内容，它都可兼容。而且人在用言语直抒思想时，会比用辞藻包装文本、用滤镜美化视频显得更真诚。

我们可以通过播客与陌生人建立微妙且深刻的联系，可以筛选在观点、兴趣、人生阅历上与我们契合的节目去收听，让这些"同类"以声音的方式陪伴自己。打开播客，我们就拥有了很多新朋友，无论是平淡，还是难熬的时刻，他们一直都在。

在上百小时的陪伴中，听众与听众、主播与主播、听众与主播，早已在播客中相知，无论节目里还是节目外，每每相遇，都能表现出积累多时的默契和信任。

听播客很难像健身一样，让我们在短期内就能看到自身明显的变化，但它会潜移默化地影响我们的日常习惯、工作模式和思考方式，时不时就能掉出一张灵感小纸条。

### 3. 听播客的选择

目前，播客最好的载体是手机，比较主流的播客平台是以下三个：

1）播客 App。苹果公司是"播客"概念的推动者，苹果的播客 App 也因为历史最久而被视为最主流的播客平台。但这个应用只适用于苹果系统的产品，如 iPhone、iPad、Mac、硬件设备 HomePod 等。

2）喜马拉雅。喜马拉雅是国内用户数量最大的音频平台。2013 年 3 月手机客户端上线，目前总用户规模突破 6 亿。喜马拉雅有极其丰富的音频内容，2020 年上线了播客频道页，是中文用户收听播客节目的主要渠道之一。

3）小宇宙。小宇宙是由即刻团队开发的播客平台，主打轻量的设计及对新节目的强大搜索能力。该平台界面清新，收听和互动体验好。

随着播客的发展，播客平台越来越丰富——网易云音乐和 QQ 音乐增加了播客页；荔枝 FM 于 2021 年上线了独立播客类 App 荔枝播客。如果你是这些应用的用户，也可以在其中找到播客内容来听。

## 1.2　人人都是播客

2020年，哔哩哔哩出品的首档说唱音乐类节目《说唱新世代》的口号是"万物皆可说唱"，说唱是一种创作手段，可以记录很多有价值的故事。比如百老汇音乐剧《汉密尔顿》（*Hamilton*）的开场曲《亚历山大·汉密尔顿》（*Alexander Hamilton*），就是用说唱的形式，在几分钟的时间里，唱出了美国开国元勋之一汉密尔顿跌宕起伏的一生，同时展现了他为这个国家做出的巨大贡献。

2021年，脱口秀大会第四季中发起人李诞讲了一句话，他说"我觉得每个人都可以是5分钟的脱口秀演员"。而他为了实现这句话，也为了让更多人理解脱口秀，邀请了各行各业的人来节目中表演脱口秀，比如在上海外滩执勤的交通警察黄Sir，癌症生物学博士科普作家菠萝等。

我很认同"每个人都可以是5分钟的脱口秀演员"和"万物皆可说唱"这两句话，因为我们每个人都有独特的人生体验可以分享，重要的是我们有表达的精神和热情，无须纠结于表达的形式。这两句口号套用在播客上毫无违和感。与脱口秀和说唱相比，播客的创作难度更低，也更具有普适性。

播客自身的一些特征，也决定了它是适合所有人去尝试的创作形式，我们从3个角度来说明这个结论。

1）从技术上看，在播客诞生时，技术就决定了播客去中心的传播方式，并把创作的权利交给了个人。

2）从信息时代的生活方式看，成为播客的内容创作者能让我们解决信息过载带来的一些生活问题，让我们的生活体验更美好。

3）和其他创作形式相比，播客的门槛更低，更容易启动，更不费劲。

### 1. 播客的传播特点

从技术视角看，播客内容本质上是通过网络传播的音频文件。一档播客节目完成之后，传播给用户收听，会经历两个阶段：存储和传播。传播的路径有3条，分别是通过个人网站、托管平台以及存储传播一体平台。用户收听的方式也由这3条路径衍生而来，分别是通过主播的个人网站、泛应用播客App（如小宇宙）及综合音频App（如喜马拉雅）订阅收听，如图1-1所示。

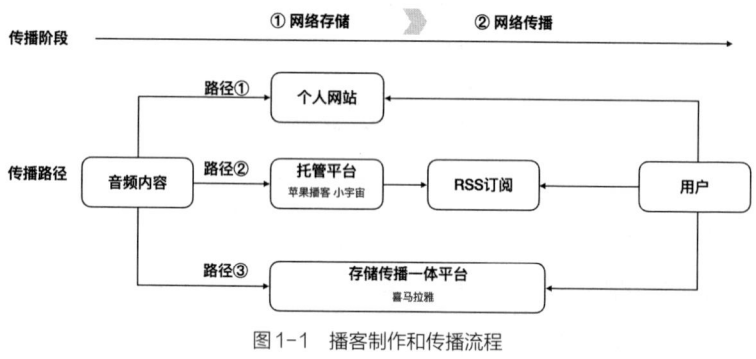

图1-1    播客制作和传播流程

在当下的互联网发展阶段，通过个人网站传播的情况相对较少。我们重点讲一下后两条路径依托的两种传播模式——RSS订阅模式和平台存储模式。

### （1）RSS订阅模式

RSS是一种互联网信息协议，创作者将图文、音频或视频等形式的作品发布到网络后，可生成一个 RSS 链接，用户可以通过订阅该链接，获得更新的作品。

那我们如何通过 RSS 订阅一档播客节目呢？举个例子，比如订阅图 1-2 所示的这个叫《IT 公论》的播客节目。它有独立的网页，在它的页面上，有一个引导订阅的区域，点击第一个 RSS 后，会打开一个页面，我们只需要复制页面链接，并导入到一个支持 RSS 订阅模式的播客平台。这里我用的是苹果的播客 App，点击资料库右上角的"…"，选择"通过 URL 添加节目"，然后把刚才的 RSS 链接导入，就成功订阅了这档节目。在苹果的播客 App 中，可以查找和收听之前的节目，后续节目有更新，播客 App 也能及时收到新内容。

图 1-2　如何通过 RSS 订阅一档播客节目

RSS 订阅模式是播客诞生之初的模式形态。这种模式形态下，理论上我们每个人都可以创建自己的播客页面，也都可以订阅其他所有人的内容。所以说在播客诞生时，技术就决定了它去中心的传播方式，并把创作的权利交给了个人。

RSS 订阅模式的优点是订阅节目的主动权在用户手里，用户的选择不会被平台推荐机制产生的马太效应（大多数的推荐集中在极少数的内容上）影响。

现实中并不是所有人的内容都有传播力。这种模式下，内容传播依赖于用户的主动订阅，能覆盖的人群很难扩大，因此这种订阅模式已经越来越小众。

**（2）平台存储模式**

随着播客节目的增多、节目价值的提升，能更高效满足用户收听需求、降低创作者成本需求的平台存储模式出现了。平台存储模式是更大众化、更主流的模式，在这种模式下，主播们只要专注于创作，并把创作好的节目上传发布到平台即可，不用再去做网站搭建等技术工作。

用户想要收听播客，只需要打开平台存储模式的App，在这些App中的播客页面上，可以看到按照各个维度推荐的各种播客类节目，例如，热播节目、新品节目、当日精选，以及编辑推荐等。打开并订阅你感兴趣的节目后，就可以在自己的订阅区看到并收听后续更新的节目，如图1-3所示。

图1-3　如何通过平台类App订阅一档播客节目

平台存储模式是更中心化的。它建立了从内容的生产到分发、订阅、收听的完整闭环，能沉淀相应的数据，有助于平台传播用户偏好的内容，有助于创作者接收用户的反馈，也有助于证明内容的商业价值。

除了托管发布，平台一般会在用户群体中做推荐，了解平台的推荐方式，有助于主播们的后期发展。平台也会提供播客相关的商业化支持，帮助播客实现商业化变现。但平台需要对内容负责，有审核的责任，主播们需要了解平台的规则，与平台深入地相互了解、沟通，主播们和平台是互相成就的。

这两种模式都以独立的主播为核心，主播不依赖生产工具即可发出自己的声音，这是人人都可以成为播客的基础前提。

### 2. 成为信息时代的创作者

我们习惯认为创作是困难的，创作是少数人的职业，我们只是受众，通过学习，吸收创作者们作品的养分并获得提升，花费时间、金钱，从内容中获得快乐和满足。

但我觉得，创作是生活必需，是获得幸福的必经之路。这个道理就和健身一样。健身消耗意志力，所以并不符合人的天性，但健身有益健康。我们不会因为看运动比赛就变得健康，必须自己跳下水游起来，跨出门跑起来，去健身馆把壶铃举起来，才会让自己的心肺能力、肌肉力量逐渐变强，让身体变得健康。

创作也是如此，我们也很难仅通过消费他人的作品获得持久的满足和快乐。亲手参与创作，最大的受益者就是我们自己。

### （1）面向未来的学习

创作让我们成为面向未来的学习者。我们有很多知识，如何消化和应用它们，是我们应该思考的问题。知名的学习金字塔理论（如图1-4所示），能给我们一些启发：主动学习效率远高于被动学习，输出是效率最高的主动学习方式，我们应该把掌握的知识写下来，说出来，输出给别人。

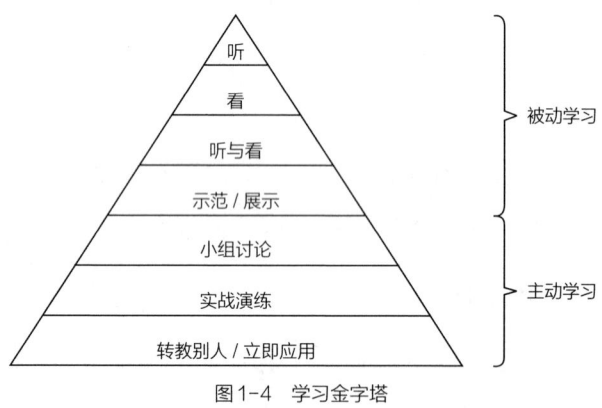

图1-4　学习金字塔

输出知识的过程，也是我们提升自我的过程。因为只有把知识点吃透、内化并梳理出知识体系，我们才能做到清晰输出。

创作是面向未来的学习方式。我们当下的教育模式始于工业时代，类似于汽车流水线加工流程，为了提升效率，会不断地进行标准化。而未来的教育，应该是能激发自驱力的，学习也会成为我们终身保持的习惯，它基于自发动力，通过创作作品实现。

信息时代会奖励终身学习且找到高效学习方法的人。所以我们要去做个创作者，比如用播客分享新知和经验故事。

### （2）心流体验

当今社会有消费不完的资讯和娱乐内容。选择多本身不是坏事，但问题是我们很难很好处理这些信息，过量信息也会过度消耗我们的认知和情绪资源。

应对这个问题，创作是一个好的解决办法。专注于创作，我们就会进入心流状态，获得很愉悦的体验。创作结束之后，随之而来的成果也会让人充实。积极心理学奠基人米哈里·契克森哈赖在《心流》一书中提到过，进入心流状态，有三个要素——明确的目标、即时的反馈和相符的能力。而创作是能获得这三个要素的典型活动，它为我们的心灵提供了一种表达途径——记录事件与感受，以便在日后重温。

创作也让我们有更积极主动的选择信息的能力，让我们能"卸载"消耗认知资源和情绪的信息，优化心智体验。

### （3）和时间成为朋友

社会的时钟总是冷酷地提醒我们要按部就班地生活，我们所做的大部分事情会随着时间的流逝而失去痕迹。而创作是时间的朋友，作品的韵味可以随着时间的积累变得愈加醇厚。人生每个阶段沉淀的作品，都是平复生活苦痛的良药，极具治愈力。

创作者不需要资格证明，有没有作家、画家、导演、编剧这些头衔都可以创作。我们可以自由选择适合自己的创作形式，小到在微博上写140字，在微信上写短短的一首诗和发布一个九宫格图片，在豆瓣发布一篇影评，大到写一个周更公众号，编写一首歌曲，出版一本书，拍摄一个视频，开发一个产品。只要在能力范围内，我们都可以去做。

持续输出、打磨作品，可以让我们在社会喧闹的声音之中，也能听清楚自己的发展节奏。在自己感兴趣的事情上足够投入，产出足够优质的作品，并获得他人的好评，就能得到自信，获得勇气去押注更多时间、金钱、人力和技术，持续创造价值，例如，做好的产品、写优质论文、打磨用心的教育课程、开启自己的博客专栏、撰写著作或做一个播客节目。

### 3. 门槛更低的创作方式

播客可能是门槛最低的创作方式。

最直观的两种创作的输出方式是文字和语音。它们的各种场景，以及优点和缺点对比，如图1-5所示。

| 输出方式 | 文字 | | 语音 | |
|---|---|---|---|---|
| 场景 | 纸笔书写 | 键盘屏幕书写 | 单口 | 对谈 |
| 优点 | ① 思路清晰<br>② 大脑容易启动 | ① 所写即所得 | ① 信息量大<br>② 自由顺畅<br>③ 可信息卸载<br>④ 倾倒情绪 | ① 场景自然<br>② 输出顺畅<br>③ 对书写能力要求低<br>④ 有对象感 |
| 缺点 | ① 容易写废<br>② 重新誊抄 | ① 屏幕写会没灵感<br>② 想法受限 | ① 质量低<br>② 不适合直接做成品<br>③ 口语词多 | ① 输出依赖对谈人<br>② 要再做后期处理 |

图1-5　文字和语音输出方式对比

和"文字"相比，"语音"的劣势是传播慢，因为用户听的效率比看的效率低。但在输出的信息量上，语音输出效率则更高。

### （1）容易启动

"说"是比"写"出现早很多的表达方式。对大多数人来说，"说"

能更自然发生，更容易启动。随时随地，打开麦克风即可开始。如果还有人能对话就更好了，通过谈话输出内容，会比独立语音输出更自然，现场感更强，能摆脱独立输出的孤独感，互相启发，碰撞火花。

"说"在构思上也比纸面、电脑端更容易，可以用自问自答的方式热身，启动大脑。

"说"还不受环境限制，不需要桌椅、纸笔，在私密的场所或者没有人注意到你说话内容的公共环境都可以启动，甚至可以和散步、跑步等活动同时进行。我们可以在天地之间、花树之下、绿水河边，打破外在的框，也打破内在的框。在更大的空间中，更自由地建立不同事物之间的关联。

### （2）信息量大

曾经，博客和微博改变了人的书写行为；现在，语言识别软件和音频类App或许可以改变我们的听说行为。语音转文字的智能技术进一步发展，很多相关工具可以用来给创作助力，比如讯飞语音工具，它的中文识别效率很高，我们能借助语音转文字功能进行书写。

我尝试用讯飞语音工具做语音记录已有半年之久，刚使用时的日均输出量就可以达到2000 ~ 3000字，效率是其他传统文字记录模式的好几倍。调整好方法，日均输出量上升也不是难事。我最初的目标是一天5000字，这个目标很快就达到了。后来我尝试突破一天1万字，也很快可以轻松达到。我也在朋友圈看到同侪进行过马拉松式的语音创作，单日10万字，也是能达到的目标。

语音转文字方式不仅输出字数多，可以存留在记忆库中的信息量也更大。我们经常觉得看书容易忘，那是因为输入的时候没有对内容进行组织加工，想要输出时就想不起来了。语音输出过程本身设置了口头输出这种提取方式，形成了提取优势，需要时可以更快地提取出来。语音记录可以成为记忆外挂，是可即时提取的"大脑网盘"。这种方式，可以帮助我们记住重要和有难度的信息。

### （3）创意密度

我们感觉某个作品的内容特别好，很多时候是感受到了它的独特性。我们把这种独特性在作品中的比重称为创意密度。

量变带来质变，创意密度的前提是内容输出量足够大。语音在输出量上就非常有优势。通过语音输出，我们可以轻松达到很大的内容输出量，及时收集到很多素材。比如，反常识的感受、新接触的概念解读、对细节的深入描绘、情绪感受的探索等。

前面提到，我日常会通过语音记录，每日输出量达到数千字。这些语音描述的内容大概有以下几类。1）信息日报：今天吸收了哪些信息，哪些印象深刻，为什么，自己的感受和理解是什么。2）生活日记：今天遇到了什么好事和不开心的事，是什么样的事。3）日参省乎己：今天自己状态如何，哪里做得好，哪里可以改进。4）其他：一些问题的想法，重要事项的复盘，阅读笔记等。

在足够丰富的素材库基础上，通过二次创作，充分实现创意的自由拓展，提高创意密度。

语言不是思想的外衣，而是思想本身。语言和思维有关系，和人生乐趣有关系，会影响到人的审美模式和人生意义的构建。我们输出的内容，很大程度上是在描述自己人生的体验、意义，是自己人生的作品。

## 1.3　开启你的播客之旅吧

越来越多的平台，用更低的门槛、更友好的政策激励普通人进行创作。例如，作为一个音频为主的创作平台，喜马拉雅提供了完整的配套服务，从理念、工具，到创作支持、方法教程，其目的是希望创作进入更多人的生活。

创作的终极目标是什么？是希望能用作品影响到更多的人，甚至带动他们成为创作者。再小的作品，也是你在这个世界上留下的痕迹。

创作素材要日积月累，创作方法要"运乎于心"，最终作品要迭代优化，最重要的是开始行动。播客是和这个世界对话最好的方式。说吧，你的人生。

*1*　订阅 3 档不同类型的播客节目。

*2*　收听 10 期不同的节目。

*3*　列出 3 条自己做播客的动力，且其中至少有 1 条理由能稳定持续下去。

# 02

## 找到你的声音风格

## 2.1　生活中的声音风格

在没有发声器官病变或受过专业训练的前提下，我们说话的声音通常并没有好不好听之分，只有风格上的区别。

课堂上，不同老师的讲课风格各不相同，有的抑扬顿挫，情绪高昂；有的理性冷静，逻辑严密；有的行云流水，循循善诱；有的信息密集，冲击大脑。

和朋友聚餐时，我们每个人聊天的重点也都各有特色，有的讲自己的感情故事，甜蜜的互动让人羡慕，失去的伤感让人惋惜；有的说自己的购物体验，用好的产品勾勒对美好生活的向往；有的喜欢提问题，引发大家讨论与思考；有的习惯安静聆听，冷不丁来一句精辟的总结；有的喜欢讲段子、抖包袱、说爆梗、把快乐传播给他人。

那么，以声音为职业的人，声音风格有什么不同呢？

首先是职业声音工作者，他们在不同类型的工作中，会变换不同的声音风格。为影视剧配音，声音需要和角色形象匹配，需要随着角色情绪的起伏变化，让观众沉浸其中；为广告中念旁白，声音需要和品牌、产品的形象匹配，汽车广告要求声音浑厚磅礴，奶粉广告要求声音温柔慈爱；录制有声书，需要用声音营造故事的气氛，或悬疑、或甜蜜、或搞笑，推动剧情，吸引听众关注。

其次，主持也是需要声音更具特色的职业。大型晚会的主持人，端庄大气，声音要明亮饱满；综艺娱乐主持人，反应敏捷，营造出全场轻松欢乐的氛围，声音要自然，充分体现个人特点。

还有很多职业给我们留下了"会说"的深刻印象。演说家以他们的主题、观点和思路吸引听众,以他们声音中透露着的自信、真诚的状态征服听众。脱口秀演员说话相对松弛,但在和观众互动时很敏捷,他们能捕捉到观众的反馈,再用声音强化笑点,让观众产生共鸣,引发笑声。

我们中的大多数人没有受过专业的声音训练,但也不是完全没有实践经历。

在语文课上,当我们被点名进行文章领读时,我们会尽可能地展现出声音好听、普通话标准、情感饱满的一面;在校园的社团表演舞台作品时,我们也会尝试理解作品中角色的个性、特点,用不同的声音风格把角色的不同情绪状态表现出来。如果是开心的,则声音明亮,节奏欢快;如果是忧伤的,则声音低沉,节奏迟缓。

不妨一起回忆一下,在生活中,别人会用什么样的形容词形容我们的声音?我们自己会用什么样的形容词形容自己的声音?

## 2.2　声音风格要素

我们形容人的声音风格的词语一般包括大气、治愈、低音炮、甜美等。那这些声音风格,是由哪些要素组成的呢?声音风格又是怎么形成的呢?

### 1. 声音的基础特征

声音的基础特征——比如声音的"性别"、声音的"年龄"、使用的语言、语言的水平等——有些是由生理决定的。其中人与人之间声带条件、口腔条件、唇舌的状况，还有胸腔、鼻窦等器官的大小和形状等（如图2-1所示）生理构造的差别，决定了我们与他人音色的差别。比如有些人的声音是娃娃音，有些低沉有磁性。

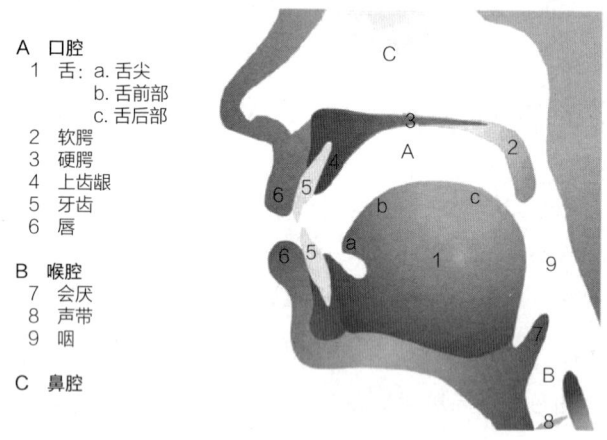

A 口腔
　1 舌: a. 舌尖
　　　　b. 舌前部
　　　　c. 舌后部
　2 软腭
　3 硬腭
　4 上齿龈
　5 牙齿
　6 唇

B 喉腔
　7 会厌
　8 声带
　9 咽

C 鼻腔

图2-1　人体发音器官

声音的基础特征会决定我们更擅长什么类型的声音风格，通过后天有意识地训练，声音也可以有很大的拓展空间。比如通过训练咬字发音，提升普通话等级。经过专业的训练，我们能更轻松地运用自己的声音，掌握多种风格。

## 2. 个人特质

声音风格中蕴含着个人特质和性格，也就是我们待人处事时表现出来的稳定情感和态度，以及我们行为方式透露出的心理特征。

在一个对人的语言进行分析的研究中，声音被拆分成易于理解、富有表现力或变化的声音、说话流利、声音的悦耳性、有力或自信的声音、音量、音准、语速、语音与非语音、中断等维度，其中大部分特征是和个人特质有关系的。

比如富有表现力或变化的声音特征，通常也预示着此人个性的高神经质和高外向性；声音悦耳、有力或自信通常也预示着其个性的高外向性。

从我们的生活感受出发，一般会有以下几种声音风格，而这些风格往往也和他们的个人特质有明显的关联。

1）情绪饱满型。这类人情绪饱满，语言丰富，善于和对话人建立感情，促使彼此之间产生共鸣。他们一般感受力很强，感知情绪的颗粒度细，擅长与他人共情；他们性格也比较外向，能在和他人的互动中获取能量。

2）温柔亲和型。这类人平易近人、温馨、可靠，思辨时不露锋芒，幽默时恰到好处，不温不火，让人舒服自然。他们往往很好相处，注重人和人之间的关系，会为他人着想，沟通过程中让人很有安全感。

3）理性思辨型。这类人言谈之中充满睿智，提出的问题角度恰当，善于挖掘谈话主题的内因，语气相对较为严肃认真。他们往往智商高，比较理性，能接受不同观点的碰撞，有丰富想象力，见识广博，思维有深度，在话题中能清晰把握话题逻辑，预测走向。

4）幽默气氛型。这类人语言诙谐幽默，讲话时反应灵敏，随意自然，不设界限，让人感觉不到压力。他们往往开放包容，聪明，受人欢迎。

### 3. 内容类型

同一种乐器，也可以演奏出不同风格的作品。我们在讲不同的内容时，也会有不同的声音风格。在专业的声音工作中，会按照不同的任务领域划分声音风格，比如朗读配音、小说书籍、人文社科、新闻报道、宣传介绍、活动颁奖、手机彩铃、品质广告等。声音工作者可以基于内容要求演绎出多种风格的声音状态，比如自然讲述、知性、理性、年轻活泼、低沉磁性、大气浑厚、甜美亲切、卡通风格等。

对于非声音工作者来说，我们不需要掌握这么多专业的声音能力。我们常见的3种内容表达状态其实就是分享知识、表达观点和讲述故事。

1）分享知识。给听众讲一个知识概念，让听众听懂；或者向听众讲解做一件事情的步骤，让听众能够顺利完成。分享知识的核心是了解听众的背景，以听众听懂和学会为目标。声音风格是自然讲述，要表达清晰，重点突出地把问题讲清楚。

2）表达观点。对一些事件发表自己的理解，态度和倡议，这需要很强的个人特质，除了声音基础特征，还包含我们的社会属性，比如专业背景，价值观和立场等。表达观点的语言风格是真诚做自己，把自己的想法跟人分享，也带着自己的小宇宙。

3）讲述故事。故事是最具有原始魅力的表达，也最体现一个人的风格。故事可能是真实的，也可能是虚构的。有哪些故事类型？如何讲好一个故事？用什么声音风格讲故事？我们会在第7章详细阐述。

作为非专业声音工作者，能够区分和表达这3种内容类型，然后充分利用自己的声音特质，自信表现自己的声音风格就可以了。在不断精进的过程中，我们会爱上自己迷人的声音风格的。

## 2.3　声音风格生成器

声音有很强的可塑性，有意识地觉察和训练，可以让自己的声音风格更突显。

### 1. 测试你的声音风格

我们可以做一个简单的测试，在下方表格中勾选你的声音信息，看一下比较适合你的声音风格是什么样子的。

1）有人因为我声音好听对我心动。

□ 非常不符合　□ 比较不符合　□ 一般　□ 比较符合　□ 非常符合

2）我很温柔，喜欢用声音陪伴别人。

□ 非常不符合　□ 比较不符合　□ 一般　□ 比较符合　□ 非常符合

3）我热爱学习，有擅长的知识领域。

□ 非常不符合　□ 比较不符合　□ 一般　□ 比较符合　□非常符合

4）我兴趣广泛，很喜欢探索有趣好玩的新鲜事物。

□ 非常不符合　□ 比较不符合　□ 一般　□ 比较符合　□ 非常符合

5）我想锻炼自己的表达能力，多表达会让自己变得更自信。

□ 非常不符合　□ 比较不符合　□ 一般　□ 比较符合　□ 非常符合

6）我表达欲旺盛，开麦让我快乐。

□ 非常不符合　□ 比较不符合　□ 一般　□ 比较符合　□ 非常符合

7）当我和朋友在一起的，我能引发现场爆笑。

□ 非常不符合　□ 比较不符合　□ 一般　□ 比较符合　□ 非常符合

8）我擅长演绎不同角色，也曾经加入演绎类的社团俱乐部。

　　□ 非常不符合　□ 比较不符合　□ 一般　□ 比较符合　□ 非常符合

9）我好奇心强，爱问真的吗和如何做。

　　□ 非常不符合　□ 比较不符合　□ 一般　□ 比较符合　□ 非常符合

10）我有各种宝藏朋友，我很想记录他们的精彩故事和特殊观点，分享给其他人。

　　□ 非常不符合　□ 比较不符合　□ 一般　□ 比较符合　□ 非常符合

### 2. 解读你的声音风格

每个题目，从非常不符合到非常符合，打 1 ～ 5 分。

题 1）～题 2）总分 ≥ 8 分，你的声音风格是：暖心鸡汤。

题 3）～题 5）总分 ≥ 12 分，你的声音风格是：传知布道者。

题 6）～题 8）总分 ≥ 12 分，你的声音风格是：快乐喜剧人。

题 9）～题 10）总分 ≥ 8 分，你的声音风格是：最强组局人。

### （1）暖心鸡汤

风格解语：你的声线，总能化作枕畔万千陪伴。

创作方向：你性格善良，总希望别人可以过得更好；你感情丰富，对他人有同理心。你适合跟大家聊人文、影视、生活方向的内容，给别人的日常生活带去陪伴、安慰和归属感。

### （2）传知布道者

风格解语：声音为笔，头脑为墨，世间有万千疑惑，皆可答以声波。

创作方向：大家常夸你聪明，知识涉猎广，思考有深度。你适合把自己擅长的知识——比如历史、人文、科学等——梳理出结构和体系，分享给对这些知识领域感兴趣的人听。

### (3) 快乐喜剧人

风格解语：万物皆可盘，是梗就能玩。

创作方向：你外向大方、活泼可爱，最喜欢和朋友在一起。有你的地方，气氛就一定不会冷下来。和朋友一起上演即兴剧，把欢乐的段子、爆梗、笑声传染给其他人吧。

### (4) 最强组局人

风格解语：不偏狭待人，不肤浅溢美，汇聚潮流，改变潮水的方向。

创作方向：你是质量局的发起人，邀请身边有知识的厉害学者、有传奇故事的前辈做客，让那些容易引人共鸣的成长故事、启发人的职业经历，在你的会客厅里熠熠生辉。

## 2.4　你的声音很好听

初次发声，总会感觉有些羞涩，听着自己的声音有陌生感。这是因为我们平时说话的声音会通过自身骨骼传导，而录音的声音，才更接近日常别人听到的我们的声音。不用担心自己的声音不被别人喜欢，虽然大部分听众对音质有很高要求，但对播客这项工作而言，内容、态度更为重要，声音中的诚意要比声音动听更吸引人。声音能够进入别人的内心世界，可以促进人与人之间产生联结，相信很多人会因为听到你的声音而喜欢你。

实践
小行动

1　测试你的声音风格，总结适合你的播客类型。

2　选定一个主流播客平台（如喜马拉雅），并注册主播账号。

3　完善好名称、头像这些账号信息，用几个关键词，或者一句话来描述自己的身份、兴趣、个性。

# 03

CHAPTER 3

## 好播客，坏播客

在第1章最后，我们布置了一个任务——订阅和收听不同类型的播客节目。现在想想你对这些节目的感受，如果让你给这些节目打分，你会怎么评价？理由是什么？

相信你列出来的理由是带个人偏好的。怎样的节目算好节目呢？听众对于内容的偏好通常是主观的，我喜欢的节目，你不一定喜欢。对节目创作者而言，想让节目老少咸宜、人人喜爱是很难的，能快速传播，被专业领域认可的好内容，是天时、地利、人和共同作用的结果。好节目没有天花板，但节目一定有及格线，规避所有的基础问题，才有更大概率变得优秀。

阅读本书不一定能保证你突破天花板，但可以让你跨过及格线。如果你想成为一个好主播，就先从做一档"不坏"的节目开始吧。

## 3.1　质量评估的5个维度

播客往往是专辑形式，每个专辑下又有一系列节目。我们之前的一个工作任务是从海量UGC（User Generated Content，用户创作的内容）专辑中发现好的专辑，并让它们被用户看见。算法对冷启动阶段的数据是不灵敏的，那么如何快速评估，从海量数据中筛选出优质的内容呢？

我们做了一个质性研究，组建了专辑内容质量评估的研究项目组，以几十万的专辑量为样本，对它们的内容进行质量等级评估、归因，再提炼所有归因因素，合并同类项，最终归纳出5个关键维度（每个维度下细拆还会有几十个因素）。这些评估因素的分布符合二八定律，即80%内容不佳的专辑，归因为20%的评估因素。在这5个维度下，我们通过 8 ～ 10 个因素就可以对一个专辑做出公允的评价。当时我们也检测了这个评估体系的准确度，经过标准化的培训后，不同人对同一专辑的评价一致性超过 90%。

这 5 个评估维度分别是：包装、音质、后期、主播、内容。这个评估维度也符合用户判断播客是否有价值的流程。

用户最先看到的是包装（封面、标题、简介等）。包装是不是有和内容匹配的品质及足够吸引人的文案描述等，决定了听众愿不愿意花时间去收听该专辑中的节目。

用户能直观感受到的是音质和后期制作。评估体系会考量节目音质是不是好，剪辑是不是很流畅，编排是否设置悬念，是否能引发用户好奇，音效的运用是否用心，是否让用户获得了好的收听体验等方面。

用户最关注的是主播和内容。评估体系会考量主播表达是不是流畅，主播是不是有人格魅力；选题是不是吸引人，是否有独特之处等方面。

如果说一个播客节目在这 5 个维度中有 2 个不合格（比如音质不好、内容平淡无奇），我们就可以认为这档节目是不够好的。

那么好的播客节目在这 5 个维度上面的表现是怎样的呢？

## 1. 音质

音质和音频的关系，类似拍照和取景的关系，取景杂乱，清晰度低，用户是很难接受的。

什么样的音质是差的音质？一般有以下几种情况：首先，声音中有很多与内容无关的杂音，如汽车嘟嘟声，外面无关人的说话声；其次，说话时有过多喷话筒的声音；再次，收音不清晰，有混响，听清、理解都极其困难。还有一些情况，虽然没有明显杂音，但声音听上去不好听，也会影响用户的收听意愿。

好的音质完全是另一种感受，动听、纯净、让人沉浸其中。

音质差，往往是因为录音过程中，没有做好隔音降噪的工作，收音处理也比较粗糙，录进去的声音不干净。好的音质则相反，主播会非常注重录音的过程，会注意录音设备，做环境降噪处理，甚至会选择专业的录音棚录制。

### 2. 后期

录制好的音频只是素材，有些是非常有价值的内容，但也有很多没有收听价值的内容，如无意义的口头语、过程中长时间的停顿、重复的语句和内容等。我们需要通过后期制作，对素材做剪裁、拼接、合成的处理，最终导出节目成品。

比较差的后期，几乎是没有剪辑的，成品中只是上传了完整的干音，内容拖沓，讲述过程中有很多庞杂的支线，中间有很多停顿、语气词都没有处理。用户如果没有特别强的诉求，听这样的内容是非常累的。

好的后期，会删减不具备收听价值的内容；会对内容再创作，提炼核心内容，组织内容模块，让收听理解更轻松；会配上烘托气氛的背景音乐让长时间的讲述不沉闷；会在内容衔接的环节加音效，辅助听众把握和理解内容结构；会剪出精华放在片头，让听众抓住本期节目的重点。

对于故事型的内容，剪辑更是重中之重。千人千剪，好的剪辑会大大增加一期节目的表现力。

### 3. 内容

内容是一档节目的核心。内容定位清晰，有明确的受众群体和差异化的特征，是节目能吸引用户的关键因素。

许多播客节目的内容质量不亚于传统的杂志和书籍等出版物。高质量的嘉宾访谈，有深度的内容主题和主播们敏锐的洞察力、分析力都能让播客发展得越来越优质。

那什么样的内容是好内容呢？我们一般会说，好的内容有料有趣。具体来看，好的内容主要是由好的选题、丰富的信息量和知识密度及输出过程中的良好状态决定的。

1）选题。好的选题，能做出差异化的内容。即使是大众关注的话题，也能找到独特的选题角度，拓宽我们认知的尺度。在独特角度的基础上将选题拆解得通俗易懂，它就能吸引到特定的受众，并充分满足这些受众对于内容的好奇。

2）信息量和知识密度。高质量的偏知识类的内容，我们听起来会觉得酣畅淋漓，感觉自己获得了很多新鲜的知识。这种类型的节目，就是所谓的"有料"。

3）表达的状态。同样的内容，用机器朗读、真人录制和现场直播这三种不同的方式录制，用户听感差异是极大的。在良好的表达状态下，即使内容的信息密度很高，用户听起来也不会觉得累，反而会不知不觉吸收知识；同时用户情绪也会被带动，产生共鸣并乐在其中。

### 4. 主播

主播是一档节目的灵魂。播客主播不一定需要有专业的播音证书或一级甲等普通话证书，只需要口齿、逻辑清晰，避免过多口头词，表达流畅，能保证基本的收听体验就可以开麦。

很多非专业或缺乏当众讲话经验的主播，在制作节目时很容易出现缺乏对象感的问题。对象感是一种说话的状态，缺乏对象感，会让听众缺乏沉浸体验，认为内容与自己无关，从而也就失去了听下去的动力。这种情况下，主播要通过有意识地觉察，并大量地实践练习，找到对象感。

优秀的主播，可以给人留下深刻印象。这种印象往往被称为"人设"。和传统电台节目或者知识付费类的音频节目相比，播客节目很大的特点就是人设突出。具体来说，是主播的人格魅力——比如谈吐、学识、智慧——让听众对节目产生赞同、认可和忠诚度。当然，如果能请到有这样特点的嘉宾，营造"谈笑有鸿儒，往来无白丁"的效果，也会极大地增加一档播客节目的听众好评分。

### 5. 包装

包装主要在2个方面发挥作用——告诉听众这是关于什么内容的节目，让听众对这个节目的内容产生期待。具体来说，就是封面、标题、简介，分别围绕着这是什么节目，其中有哪些亮点展开。用户在搜索自己想听的播客节目时，第一眼会看到的就是播客的封面，接下来会点进去查看专辑的封面和简介，并看到已发布节目的标题。因此，它们都要遵循简单易懂、亮点突出的原则，并体现一定的审美。

### （1）封面

播客节目主要用声音和大家交流，用视觉来吸引大家关注或展示自己形象的机会很少。所以封面是重要的展示窗口，听众在看完封面信息后，就能有初步的印象。

好的播客在封面上会充分利用视觉元素和视觉语言表现播客或专辑的主题、内容风格和主持人的个性，让听众眼前一亮。

如果听众看到的封面非常随意，如自拍照、随手拍的风景照、静物照等，往往就不会往下看了。如果标题和简介又没有体现任何节目的价值点，声音长度又有几十分钟，听众就很难有意愿点击播放按钮，尝试了解这期节目会说什么。

### （2）标题

由于音频本身的属性问题，听众在筛选想要收听的播客节目时，往往会以较快的速度浏览节目标题。此时，标题就成了节目的唯一"敲门砖"，需要快速抓住他们的心。

好标题可以在这短短的时间内，让听众知道节目讲了什么，重点是什么。也可以说，标题就是节目的卖点、价值点、能抓到注意力的点，让人愿意去点击它。

我们常常用点击率这个指标来评估一个标题。好标题就像编织紧密的网，可以留存更多对自己感兴趣的听众。

### （3）简介

封面和标题可承载的信息有限，只能初步激活听众进行探究的好奇心。看到简介、已有的节目及节目标题，听众会进一步感受到节目的内涵和丰富度，并找到自己感兴趣的地方。

总结来说，播客是以听为主的形式获取内容。在这之前，听众需要先看到包装信息，了解节目的价值，才有进一步收听的可能。所以包装是完整播客的必需品，精心的包装是好播客的基本诚意。

## 3.2　评价标准

主播在这5个维度上要做到什么程度，一方面要看这5个维度在听众认知里，属于哪个需求层次；另一方面也要看主播的节目类型。

### 1. 听众满意度

听众需求分为3类，体现了听众满意度和内容质量之间3种不同程度的关系。

1）基本需求，这是节目内容必须达到的质量，如果达不到，会让听众放弃你。

2）期望需求，内容质量和满意度是线性的关系，做得越好，则听众越喜欢。

3）魅力需求，由节目中在听众期待之外的内容影响。如果没有达到，听众不会不满意，但如果达到，会让听众惊喜。

用这个需求分类去看，音质、主播表达的流畅、基本的包装属于基本需求。如果音质非常差，听众是无法接受的。主播表达口齿不清晰，气息不稳定，状态不好，也很影响听众满意度。包装如果过于随意，包装的信息和内容无关，也会拒听众于千里之外。

内容、后期、主播是听众的期望需求。这方面表现地越好，听众评价越高。

各个要素如果有特别的设计，那属于魅力需求。比如封面是知名设计师作品，节目有特别策划和彩蛋，请来了特别受欢迎的嘉宾等。

### 2. 不同类型节目的评价标准

不同类型节目的听众会有不同的预期，因此评价标准也不同。

对访谈类节目来说，邀请到的嘉宾是听众非常喜欢的，话题也是他们感兴趣的，那么他们对剪辑就可能不会太在意，哪怕略有跑题，听起来也会津津有味；或者嘉宾和主持人属于宝藏主播，干货和有趣味的料都很多，那么哪怕是他们的普通话不标准，甚至带点口音，也会变成人设的一部分，让听众印象特别深刻。

对故事类节目来说，素材没有加工剪辑，或者剪辑剪得不好，都会非常影响体验，所以故事类节目非常依赖剪辑的发挥。

对情感类节目来说，没有后期，几乎就无法营造出和内容适配的氛围，很难让听众有代入感。这种依赖情绪氛围的节目，非常需要后期的画龙点睛。

后面的内容中，我们会详细讲述在创作的各个环节的技巧，帮助大家成为好播客。

> » 第4章播客工具箱，会详细介绍如何保证音质，以及最简单的后期制作的入门方法。（①音质、②后期）

» 第6章播客优化清单，会重点照顾你的播客"面子"，通过标题、Shownotes、图片等可视化的包装优化，提升播客内容的好感度和接受度。(⑤包装)

» 第7章典型播客类型，会详细介绍不同播客的创作流程，以及保证品质的方法和技巧。(④内容)

» 第8章播客进阶，会介绍更详细的表达沟通技巧，真正达到通过节目提升自己能力的目的。(③主播、④内容)

## 3.3　好播客案例

我们可以通过收听好的节目，找到好播客的感觉，向把播客做得更好的目标前进。跟大家分享一些中文领域比较优秀的播客节目。

### 1. 各种形式的好播客

#### (1) 单口类播客案例

单口类播客是最自由也最见主播创作功底的形式。做得好的单口播客，往往在专业能力或者行业理解上，有更深厚的积累，表达也极其有魅力。

1)《八分》——知名媒体人梁文道做的一档节目，是典型的单口类播客。这档节目曾获Podcast 2020年年度中文播客奖项。

《八分》的历史可以追溯到2007年，彼时梁文道在凤凰卫视主持日播读书节目《开卷八分钟》；2014年年底《开卷八分钟》停播，2018年8月，他将这个节目延续到了看理想，命名为《八分》。节目时长从八分钟延长到了半个多小时，内容也从一集只讲一本书，扩展到承载了更多梁文道的精神"私货"。

梁文道通常从当下热点事件出发，结合跨学科的理论与知识，剖析与思考社会趋势和文化现象。他满腹经纶，言语中充满了对当代人精神的关照。

2)《音乐剧怎么听？每晚一首入心好歌》这档节目的内容主要是主播白水和听众分享百老汇音乐剧中动听的旋律及歌曲背后感人的故事，偶尔也会聊聊白水自己的人生感悟、最近看的书，以及对时事的一些看法和评论。内容深入浅出，适合音乐剧爱好者，小白听起来也毫无压力。

白水曾在央视英语频道担任艺术节目的导演和出镜记者，后来在纽约创业，做百老汇戏剧相关工作，与这个行业的顶尖从业者有过很多交流与合作。目前他在国内做戏剧编剧，主攻浸没式戏剧。

这档节目的灵感来源于白水特别喜欢的音乐剧《汉密尔顿》。在他眼中，这部音乐剧的主人公是拜伦式的英雄，有一种独特的英雄悲观主义。白水希望更多的人能了解并喜欢这部历史题材的作品，于是在数次向身边人推荐《汉密尔顿》之后，他把他对这类作品的理解和看法做成了播客。在第7章，我们会深入剖析这档节目的创作技巧。

**（2）对谈类播客案例**

对谈类播客最吸引人的地方是主持人自带的风格，以及邀请的优质嘉宾。

1)《喷嚏》是两位女性好友之间的对谈，她们的职业是导演，主播之一的竹子是非常有名的Vlogger（视频博主）。节目话题涉及影视行业幕后的故事、中西文化差异、女性独立等，一期包含主题讨论、推荐一本书或者一部剧、观众问答等几个板块。她们言语幽默，自嘲是"大龄黄金圣女"和"来自中国北方的两匹母狼"。

这档节目内容非常有趣，听她们在节目中开怀大笑，通常会忍不住也一起笑起来。

2）*Blow Your Mind* 是简单心理平台创始人兼CEO简里里与她丈夫的对谈节目，他们会在节目中聊社会、女性、科技等各种话题，最开始他们是在上班的路上聊。他们聊天的状态很轻松，聊的内容有深度且不生硬，同时因为简里里具有心理平台创始人以及心理咨询师的身份背景，他们聊天的内容也很有治愈解惑的效果。

3）《一言不合》是单立人喜剧演员之间的对谈。常驻主播有石老板、周奇墨和小鹿，这档节目的定位是脱口秀类网络播客，每期有三到四位单立人喜剧演员作为嘉宾畅聊各类话题，他们会说出自己的观点，不盲从不愤怒，亦庄亦谐，引发思考。就像石老板说的那样，"让我把我的眼睛借给你，让你看看我眼中的世界。"

听喜剧演员的播客节目是很特别的体验。播客通常以比较有深度的走心聊天内容为主，喜剧演员没有太多演绎的机会，更多是聊自己真实的想法和经历。不过喜剧演员们在一起，会天然地展示自己的"技艺"，因此节目中笑点密集，有趣味，听众很容易被逗乐。

4）《忽左忽右》是由程衍樑和杨一主持的播客节目，他们还一起创办了一家专注数字音频内容的企业JustPod。这是一档JustPod旗下的沙龙访谈类播客，邀请很多专业领域的嘉宾一起聊文化相关的话题，话题严肃但不死板，节奏轻松，给人一种坐在很舒服的椅子上，听几个人认真聊天南海北的事情的感觉。

JustPod旗下播客节目几乎可以成为中文播客品质的标杆，而《忽左忽右》更是代表专辑，它曾经是苹果播客2018年年度最受欢迎新作，2019年年度最佳播客。《忽左忽右》保持周更的频率，且一直坚持着高质量内容创作和高水平制作。

### （3）叙事类播客案例

叙事类播客的制作成本相对较高，因此数量比较少。但这类播客的受众相对更广泛，播客从小众走向大众，很大程度上是通过叙事类播客建立的大众心智认知和接受度。比如说美国播客发展史上最现象级的播客节目，就是一档名为*Serial*的叙事类节目。

1）*Serial*于2014年问世，由Sarah Koenig主持。它是一档案件调查类节目，节目里有非常丰富的素材，比如来自当事人的朋友、曾负责该案件的警察及专业法医的电话采访片段，以及很多历史久远的录音等。其中的细节丰富真实，让人身临其境。*Serial*在叙事上有很大的创新，它借鉴了调查报道、回忆录与畅销文学的形式特点，并将这几种形式巧妙地糅合在一起。

*Serial*在当时非常流行，成了被大众细细剖析的播客节目，它得到的探讨热度，不亚于《绝命毒师》这样精彩的电视剧。

2）《故事FM》是中文播客领域最有代表性的叙事类播客节目之一。《故事FM》的定位是"普通人自述的生活故事"，口号是"用你的声音，讲述你的故事"。

这档节目有很高的制作水准，叙事的节奏一直扣人心弦，听众听完一个故事就像看了一场电影一样。《故事FM》收录的故事非常多元，主人公也多是普罗大众，例如，重获新生的抑郁症病人，用一辈子摆脱原生家庭阴影的独立女性，被2000公里打败的恋人等。每一个故事都承载着有血有肉的灵魂。

**（4）互动类播客案例**

互动播客是通过直播形式录制的节目，充分体现了播客的交流属性。在收听时直接参与互动，会有极强的心流体验。

1）《高手的习惯》是阳志平基于自己的课程还有思想延伸的和学生互动的播客。阳志平是一名认知科学家与作家，他致力于认知科学的产品开发、课程设计与科学传播，著有《人生模式》一书。阳志平是湖南人，了解他的学生都知道他讲话带有明显的湖南语调，你可能很难把这样的老师和高人气主播联系在一起。

为了让学生更好地理解他思想课程的内容，他还发起了系列互动播客，拉近和学生交流的距离。这些播客包括：《人性实验室》，主要探讨那些人性的纠结，话题包括愚蠢的草根、坏脾气的好人、内向的合群者和讨好的伴侣等；《新年系列》，帮助学生更好地发展，题目包括科学制定新年计划，改善阅读计划，如何成为大概率赢家以及如何科学脱单等；《高手的习惯》，剖析历史上盖棺定论的、并且人生善始善终的、在事业上和家庭上较为圆满的高手，深耕他们的生平，并借助人性系统论框架，予以精彩分析，已经上线的内容包括哲人王阳明、王船山、方以智，科学家西蒙、马奇、达尔文，作家休谟、纳博科夫、卡尔维诺和投资人与企业家芒格等。

每期节目阳老师会邀请5～8位嘉宾，针对同一个问题分享各自的经历和困惑，而阳志平老师会基于他深厚的学术功力和案例经验积累，帮大家梳理针对同一类问题可以采取的不同的应对方式。在分享故事的过程中，会有几百人同时聆听，这些听众会发现，同一个问题原来有这么多不同的表现，而听众自己可能经历的那些困扰，也有同样的人在经历。在这样具体而真实的案例中，听众往往也会豁然开朗。

非常有意思的是，在进行一期以内向的合群者为讨论对象的节目时，一群内向的人争相上麦，表示自己是那个内向的人。

参与过节目的学生这样描述互动播客的体验：太喜欢这种交流方式了，让我联想到木心《文学回忆录》里的授课场景——一群学生挤在老师的客厅里，听老师讲故事，酣畅淋漓！

2）《关雅荻·共创播客》是主播关雅荻借助语音交流互动平台创立的"共创播客"节目。关雅荻老师的生活经验非常丰富，对世界一直保持好奇和开放心态，他是电影制片人，有超过20年电影产业从业经验，也是超马越野跑爱好者，全球范围内完成了超过30场的超马越野跑比赛。

这些共创播客包括《播客入门到进阶》《每周影评》《与播客相遇》《一人一本非虚构》《家庭安全计划》《强行开箱》《海外疫情下的中国人》《通往博士之路》《一起来听朋友圈》等10多个系列。其中《播客入门到进阶》是他通过互动音频直播制作的节目，该系列节目分成三个部分，第一部分是关雅荻和罗叔聊"未来的播客是怎样的"；第二部分关雅荻和播客先声主理zacfire聊"国内外播客生态发展之差异"；第三部分是他与新手播客的互动，用超过5个小时的时间认真地回答了新手播客们的100个问题。通过对这三部分的剪辑制作，目前该系列节目已经超过了100期，而在不到两年里，关老师的《共创播客》也已经更新了499期。

我认为这档播客的创作方式是未来播客的创作趋势之一，主要原因是：1）录制过程没有远离听众，是在互动中完成的录制；2）即兴、流动，后期成本极低；3）正如标题名称，这种共创播客，每期是1个独立的内容点，时长在10分钟左右，对听众收听和吸收其中知识点友好度高。也正如他在自我介绍中所写的那样，"谦逊地路过这个世界追求极致的意义"。

**2. 各个领域的好播客**

随着播客内容越来越丰富，播客也渐渐在各个垂直领域开花。在各个领域，都有非常优质的播客节目。

**（1）人文艺术**

1）《文化有限》是一档以聊阅读为主的泛文化类播客节目。主播3人曾经是同事，现分别就职于互联网公司，其中大壹老师是看理想的播客负责人兼《八分》等节目的内容主编。他们每一期节目的话题都很用心，节目中金句很多，沉下心来听，会有很大收获。每年4月23日读书节，他们也会联系很多主播来推荐好书，听到那么多主播分享阅读体验，也能重燃听众读书的热情。

2）《神聊吧邦妮》的主播是知名影评人、畅销书作家、编剧，《奇葩说》第二季辩手柏邦妮。在这档节目中，她会邀请她的朋友们来聊电影，同时也聊一些有趣的生活琐事。虽然没有包装和后期，但我们依然会被她真诚、纯粹、温暖而不失犀利的表达感染。

她在节目简介中这么描述自己对电影的热爱：被问为何热爱电影？我无法解释，但是我能描述那种热爱——十八岁是苦闷的年纪，你喜欢的人毫无例外地不喜欢你，喜欢你的人都有点傻。你似乎觉得自己有点儿才华，但是又不确定。在这灰暗的生活里，只有银幕是发光的。你就拽着银幕投出的光柱，努力爬往光明。我就是这么爱上电影的。

而这档节目，她在编剧、影评人、观众和粉丝这四重身份中无缝切换，用四种维度去解读电影。听她的播客，听她解读电影，感觉像是在自己已经撒下的一捧沙土中，又淘出了金粒。

**（2）科技商业**

1)《创业内幕》是由投资公司GGV纪源资本发起、由专业播客制作机构Justpod制作的访谈节目，是有专业视角的"创业主题"沙龙。如果你喜欢了解各种创业故事和商业领域最前沿的观点，那《创业内幕》这档节目值得值得一试。在这档节目里，你可以听到创业潮流里的声音，BOSS直聘赵鹏、流利说胡哲人、小牛电动胡依林、小鹏汽车何小鹏、高跟73小时赵小姐等都曾参与过访谈。

节目主持人是GGV高管，每期由一位主持人、一位投资人和一位创业者这样的三角组合构成。主持人来提问，投资人从第三方角度讲行业，创业者讲创业的故事。这种节目形式的反响很不错，该播客也在2019年成为Podcast年度精品推荐的热门新节目。

2)《硅谷101|最前沿的科技趋势》是一档分享当下最新技术、知

识与思想的科技播客，以全球化的视角，对话那些离信息更近的人。内容大多是只能在硅谷才能听到的科技行业趋势，以及时代大背景下的硅谷现状。所有信息均为原创，访谈对象是硅谷各细分行业创始人，或热点事件的中心人物。

主播刘泓君是一名杂志媒体人，有10年的一线商业媒体记者经验。采访过国内外科技行业里成百上千位顶尖的投资人与管理者，包括马化腾、马云、李彦宏、王兴等。她的报道都围绕同一个主题——技术变革如何改变商业社会和我们的时代。

**（3）社会生活**

1）《无业游民》是一档自我探索的节目，它从个人角度切入公共议题，聚焦于处在求学、待业、退休等阶段的 The Unemployable（"不能"被雇佣的）群体。

《无业游民》与别的播客最大的不同点是聚焦的人群和谈论的主题。身边的朋友、朋友的朋友都可能被提及，失业、港漂、年龄的焦虑、普通的工种、某人的成长故事等话题都可能被讨论。这种与自身生活的强烈关联，让《无业游民》成为所有播客中特别的存在。它没有那么强的计划性、商业感，也没有那么强的延展性，它从具体的人和关系出发，从具体的事件出发，给具体的问题和情绪找到出口。

节目形式分为两种，长节目《游民说》主要是对谈，短节目《开小差》则是单口自述，除了4位主播交替录制，他们还会请到其他"The Unemployable"的朋友来参加，把节目打造成半UGC的形式。

2）《头号玩家｜最燃生活攻略》是罗叔和资深播客制作人艾文共

同策划制作的正能量生活脱口秀。覆盖、流行娱乐、文学艺术、工作经验、职业技能、旅游美食、情感分析、心理健康、运动塑形、消费指南等日常生活的各方面。

主创们希望用乐观积极的心态，带听众从不同的角度探索生活中的美好，用最轻松欢乐的心情收听全网最潮最燃的生活攻略，一起活成自己喜欢的模样。

《头号玩家》曾荣获苹果播客2018年年度全网最具潜力节目，以及2019年年度全网最佳节目两个奖项。

播客不仅限于以上类目，还有很多宝藏播客分布在职场、个人成长、心理、健康等领域，在此不一一列举。

### 3. 播客榜单

榜单是很不错的节目推荐渠道。如果你不知道听什么，看一看靠谱的榜单，一定可以找到值得一看的节目。

### （1）苹果榜单

苹果播客每年会推年度榜单，一直以来也比较被大众认可，也会被各个播客领域的爱好者传播。以下是近几年中国区的年度榜单。

2020年年度播客是《梁文道·八分》；年度编辑推荐分别是：《不在场》《牛油果烤面包》《跳岛FM》《日知录》《艺术叨叨》《蒙台啥利》《铥铥科幻电波》《反潮流俱乐部》《新气集》《杯弓舌瘾》《不赖电台》《四分之一Quarterlife》。

2021年年度最佳播客是：《谐星聊天会》《惊奇电台》《世界莫名

其妙物语》《反潮流俱乐部》《楼上两位TableForTwo》《三五环》《硅谷101|中国版》《天地无用》《津津有味》《体坛站着侃》《电影真探》《剧谈社|翻译艺术品》《基本无害Mostly Harmless》《过刊》《超级游文化》《天才捕手FM》《故事FM》。

2022年编辑精选节目是：《跳进兔子洞》《谐星聊天会》《文化有限》《故事FM》《壮游者》；年度热门新节目是：《原汤话原食》《Talk三联》《蜜獾吃书》《沈奕斐的播客》《东七门》《半拿铁|商业沉浮录》《Heartly Daily每日冥想》《梁永安的播客》《喷嚏》《高能量》《燕外之意》《黑猫侦探社》《Vista看天下》。

苹果播客榜单的调性独特，态度先锋，适合心态开放，对世界充满好奇的人去探索。

### （2）喜马拉雅榜单

喜马拉雅是中文领域播客收听数据量相对比较大的一个平台，积累了比较多的收听数据，所以会实时更新各种榜单。想听近期比较热门的节目，可以去看喜马拉雅App上的排行榜（如图3-1所示）。喜马拉雅也会定期发布巅峰榜单，上榜的都是在一个阶段内具有影响力的节目，这些榜单可以通过官方发布的消息或者搜索获得。

无论是节目形式、内容领域，还是榜单，以上好节目推荐的初衷都是希望可以提供一些线索，让大家能通过这些线索，不断打开新的大门，点亮新的小世界。这么多领域，这么多节目，一定有适合你去追随的榜样，能够启发你创作的灵感。

图3-1  喜马拉雅播客排行榜

**1** 在你喜欢的播客节目下写下评论，并将这档播客分享给你的朋友。

**2** 记录你不喜欢的节目，说明原因，并思考如果是你，会如何避免出现同样问题？

# 04

CHAPTER 4

## 播客工具箱

现在你是不是已经心动，就差行动了呢？接下来，你眼前还会有一些障碍——我需要用到哪些设备来做播客呢？我如何挑选设备呢？购买设备需要多少预算呢？这些事情会不会很麻烦呢？搞不清楚的录制流程、种类繁多的硬件工具，有可能是大多数新手播客的拦路虎。

这一章，我们重点解决工具的问题，带着你思路清晰地认识播客的制作流程、声音的基本原理和常用的录制设备，帮你摆平行动前的最后一道障碍。

## 4.1  好音质是如何产生的

音频节目的声音处理会经历3个阶段，分别是录制、音频信号处理、后期制作。如图4-1所示。

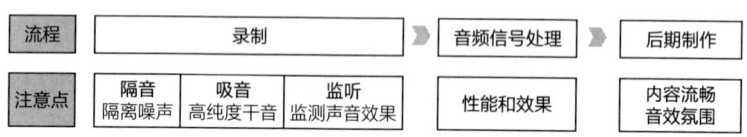

图4-1  音频节目的声音处理流程

阶段一：录制是指主播在合适的录音环境，用录音设备拾取人声的过程。这个地方需要注意3个问题。

1）录音环境要能够远离噪声，或有效隔离噪声。这个一般和录音环境的位置，大小，以及内装材质有关。

2）选择合适的录音设备。比较普遍的录音设备是话筒。除了话筒，其他一些工具也能达到比较好的录音效果，比如手机的录音App，还有录音笔。

3）尽量在录制过程中用耳机监听并感知声音的效果，一旦发现问题，及时补录。

阶段二：音频信号处理是指计算机硬件把话筒拾取的音频信号转成音频文件的过程。这个步骤关键是声卡的选择。

阶段三：后期制作就是对录制完成的音频文件做处理，包括音质处理，叠加音效和音乐，以及内容剪辑。这一阶段的关键是选择合适的剪辑软件，学习使用剪辑软件，以及掌握剪辑的方法。

整个声音处理过程中需要用到的工具可以分为硬件工具和软件工具。

硬件工具可以分为三类：1）环境工具，如专业录音室、吸音棉等；2）录音工具，如计算机、话筒、声卡、监听器材等；3）配件器材，如防喷网、话筒架、线材等。

软件工具是各类音频后期制作软件，如Adobe Audition、Logic Pro、GarageBand、Cubase、Studio One、Pro tools、喜马拉雅云剪辑等。

最重要的阶段是录制，要处理和注意的地方最多。通常情况下，我们会在较为专业的录音环境中进行，如图4-2所示。

图4-2　录音环境示意图

这个阶段工作做到位，后续工作就会轻松。有些因为录制时没准备好而导致的问题，靠后期制作是无力回天的。下面我们对各个阶段中的相关需求做展开说明。

## 1. 理想的录音环境

录音环境的核心作用是隔绝噪声、过滤噪声、吸收回声。符合这个要求的环境有3个关键词：安静、空间大小适中、柔软。

1）安静。避免有汽车鸣笛、小孩啼哭、宠物叫、空调及家电噪声、电脑风扇声等环境音。最好关闭电脑和手机中不必要的程序，并将设备静音，防止被干扰。

2）空间大小适中。录音环境空旷，就容易产生回声，10平方米以内是比较理想的录音环境面积。

3）柔软。专业录音棚会采用专门的材料来达到隔音、吸音的效果。我们也可以通过性价比更高的方式改进录音环境，比如在录音环境中放入很多柔软物品来吸音和打散声波，像窗帘、棉被、衣服、放满书的书架、墙上的置物架等物品都是不错的选择。

## 2. 常用录音工具

最传统的录音工具是话筒。除此之外，也有一些更便携的录音工具，比如说录音笔、独立录音机、手机、Pad等，这里也列举了一些常见的录音设备，如图4-3所示。

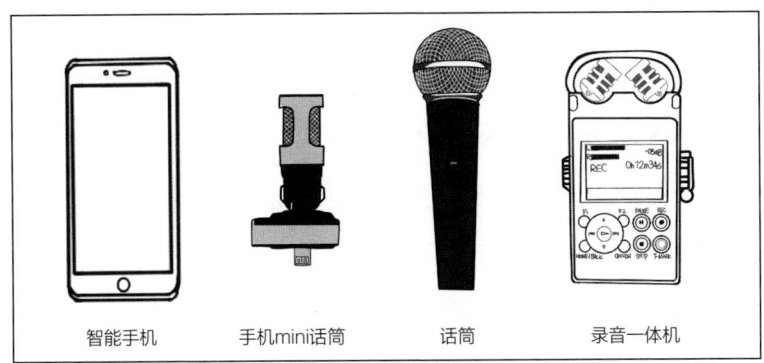

智能手机　　　手机mini话筒　　　话筒　　　录音一体机

图4-3　常用录音工具

手机是我们比较常用的录音工具，如何使用，录音效果如何，我们都比较了解。智能手机有自带的语音备忘录，也可以装功能更丰富的录音App，比如喜马拉雅为用户提供的手机录音工具，就集成了常用的录音和剪辑功能。

录音笔的音质介于话筒和手机之间，它比话筒更便携，音质一般比手机更好。还有一类专业录音笔可以外接话筒使用，且不需要用到话筒放大器和调音台。

### 3. 有关话筒的小知识

话筒也叫麦克风，是播客录制过程中最重要的一个设备。如果把手机、计算机的自带话筒用更好的话筒设备替代，得到的节目素材质量会提升许多。如果有预算，可以考虑在录音设备上多投入一些。

### （1）话筒的类型

播客一般会用到两种类型的话筒，分别是动圈式话筒和电容式话筒。

1）动圈式话筒。这类话筒相对便宜，结构牢固、稳定，通常比较耐用，降噪性能更好。动圈式话筒常用于乐队表演、脱口秀演出等环境复杂的现场节目录制，播客录制也会经常使用。

2）电容式话筒。电容式话筒比动圈式话筒更加灵敏，收录的声音更加清澈透亮。它通常要在录音棚中使用，用于录制人声和乐器声。如果没有很好的录音环境，我们最好不要使用电容话筒，容易收入很多杂音。

**（2）话筒的接口**

不同的话筒有不同的接口，目前主流的接口为USB和XLR两种，如图4-4所示。

图4-4　XLR和USB两种话筒接口

1）USB接口的话筒可以直接插入电脑的对应接口，使用电脑端的软件录音。它的优点是比较方便，缺点是如果两支以上的USB话筒在同一个电脑上，电脑可能会因为分接太多而供电不稳，导致话筒的收音变得忽大忽小。

2）XLR接口的话筒接入电脑时需要转接线、话放（话筒放大器）

或调音台来提高效果。它的优点是收音品质稳定，缺点是除话筒外还要买话放、调音台这样的录音设备。

**（3）话筒的拾音模式**

话筒的拾音模式是以话筒在各个方向或角度上收录声音的灵敏度进行区分的。通常来说，话筒的拾音模式有三种，分别是：心形指向型、双向型、全方向型，如图4-5所示。

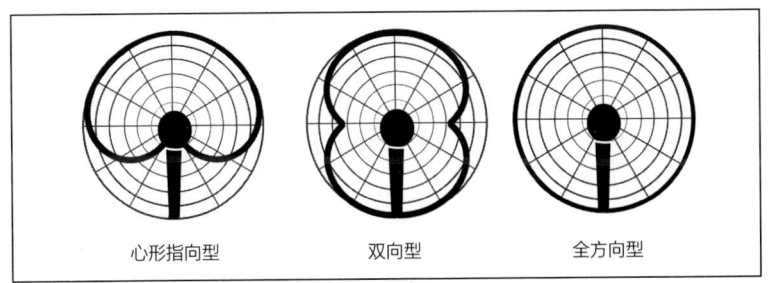

心形指向型　　　　双向型　　　　全方向型

图4-5　多种拾音模式

1）心形指向型的话筒也叫单指向型话筒，它的前端灵敏度最强，后端灵敏度最弱，很适合一个人使用。

2）双向型话筒可以从两个方向录制声音。如果主播是二人组合，那么只要一支双向型话筒就够用了。两人面对面，把话筒放在中间开始录音即可。

3）全方向型话筒没有任何指向性，能拾取不同角度的声音，常常用于合唱团演出。如果预算只够买一支话筒且经常需要录制多人访谈节目，就可以选择全方向型话筒。这种话筒对各个方向上的声音都很敏感，能均匀收录围坐着的嘉宾们的话语。但由于收声的范围比较广阔，录制效果、声音清晰度都很难与心形型或双向型模式媲美。

### 4. 其他录音工具

#### （1）录音界面

多数USB话筒操作简单，直接插入电脑即可使用。XLR接口的话筒则需要接入录音界面，如调音台、话放等，用来调节声音的增益效果和收音音质。录音界面如图4-6所示。

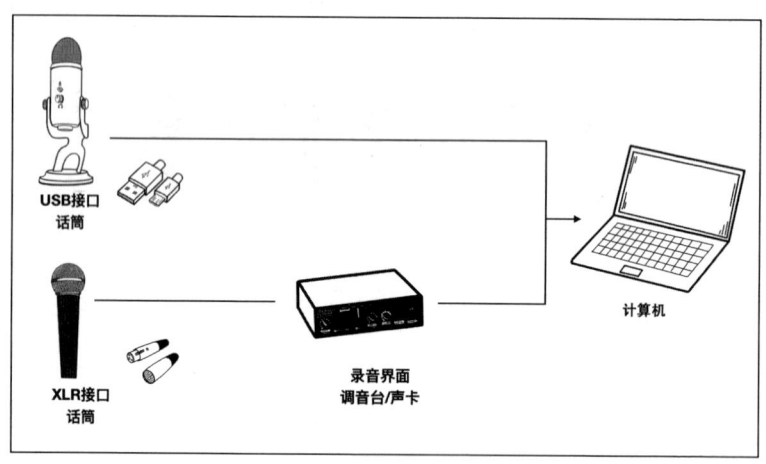

图4-6　录音界面示意图

#### （2）声卡

声卡是计算机中唯一和音频有关的硬件。录音时，音频信号都会经过声卡进入计算机，声卡上的数模转换器将来自话筒的仿真信号变成数字信号，回放时再将数字信号转换成仿真信号输出。所以声卡很影响收音的质量，好的声卡抗干扰能力较好，录制效果也会更好。

如果是电容话筒，且没有调音台和话放，需要考虑使用带有话放的声卡。

### （3）监听工具

录制过程中，现场听到的声音和播放出去别人听到的声音是不一样的。如果想现场实时感受到听众听到的声音效果，就可以使用监听工具。监听大多数是用耳机，也可以用音箱。有监听，录制过程就比较可控，让我们对录制效果心中有数，录制过程中出现的一些问题，也可以通过监听察觉并及时调整。

以上就是录制过程中环境、工具需要注意的地方。如果能够控制好录制过程，那么音质基本就有了保证。总结一下，各个阶段的注意点以及需要使用的相应工具如图4-7所示：

| 流程 | 录制 | | | 音频信号处理 | 后期制作 |
|---|---|---|---|---|---|
| 注意点 | 隔音隔离噪声 | 吸音高纯度干音 | 监听监测声音效果 | 性能和效果 | 内容流畅音效氛围 |
| **工具箱** 录音环境 | 隔音墙隔音材料 | 录音室空间大小吸音材料录音位置 | / | / | / |
| 录音工具 | / | 计算机手机录音笔话筒 | 耳机音箱 | 声卡 | / |
| 配件器材 | / | 防喷网话筒架线材 | / | / | / |
| 软件设备 | / | / | / | / | 音频编辑软件 |

图4-7　录音各个阶段的注意点以及相应工具

## 4.2　如何选择适合自己的工具

种类繁多的硬件工具，可能是大多数新手主播的拦路虎。想做出选择，首先要知道每种工具的功能和自身的需求。按照"需求、平衡、预算、学习成本"四个原则，就能快速选择适合我们自己的硬件工具。

### （1）需求

制作播客如同烹饪，个人口味需求各异，同时也丰俭由人，选择最符合自己现阶段需求的，才是最优解。不要随意凑合，也不必在初学时追求极度专业，录音品质、场景场地的需求才是你要评估的维度。

### （2）平衡

各种工具的组合是遵循木桶效应的，即性能最低的工具，决定最终的录制效果。因此，选择的器材性能应该尽量平衡。过分追求专业，选择某几种特别极致的工具，可能会因为其他工具的性能不匹配，导致最终效果不尽如人意。

### （3）预算

如果预算充足，我们可以全部使用最好的工具，甚至配备专业录音师，但这样的做法不具备参考价值。所以我们还是要以一定的预算标准，去选择工具。

### （4）学习成本

很多硬件工具的使用、调试，都有学习成本。如果一开始不想在这些学习上投入精力，可以先采用最简单易用的工具。

### 1. 不同预算下的录制建议

想提升音质，让录制过程有仪式感，你可以基于实际情况选择，这里推荐一些不同预算档位的方案。

#### （1）零预算

如果你完全不打算在工具上投入资金，那么不购入新设备，仅通过智能手机完成节目的录制也是可以的。零投入零风险，虽然效果会打点折扣，但音质过关，能满足大部分录制需求。

事实上，有相当一部分的音频创作主播正在使用或曾经使用过这种组合，比如喜马拉雅2020年百大主播罗大伦，冲入巅峰榜的财经主播威尼斯摆渡人，他们都是用手机录制的节目。对起步阶段的主播来说，这是减轻压力的好方案。

手机里有很多免费好用的录音App，其自带的语音备忘录，就可以录制音质还不错的声音；喜马拉雅App，以及喜马拉雅主播App，也都有很方便的录音功能；还有些专业的App，如Spire，可以分离不同音源的音轨，并有很好的声音处理效果。手机录音App如图4-8所示。

图4-8　手机录音 App

学习成本最低的方案是利用手机自带的语音备忘录。但如果想实现录制、剪辑，到后续上传发布一体化，可以选择喜马拉雅App。至于监听工具，手机的耳机即可。

在这种预算条件下，由于录音工具简单，我们在选择录音环境时就应当更加注意，一定要避开有噪声的地方。硬瓷砖墙面的浴室、厨房，有大面玻璃的会议室，在这些地方录音容易产生混响，也要尽量避开。

### （2）1000元以下预算

千元预算是起步级别的预算，虽然选择比较少，但对于新手来说，仍然有很大的音质提升空间。这个预算下，最值得选择的是一款千元级别USB话筒。

千元级别的USB话筒不太复杂，适合新手。不需要独立声卡，同时自带增益控制，兼容大多数电脑，仅用一款话筒就能应对大部分录制需求。如果你的播客就一位主播，且最多只有一位不固定的嘉宾，那有这样的一款话筒就够用了。

例如，Blue Yeti的USB话筒和RODE NT-USB话筒，价格都在1000元以内，性价比比较高。Blue Yeti的USB话筒有单指向型、双向型、全方向型多种拾音模式，甚至可以录制立体声，能覆盖到很多场景的录制需求。

USB话筒的缺点是，当你想再增添一款USB话筒时，可能会被USB接口数量、内存等硬件条件限制。

### （3）1000～3000元预算

这个预算级别，拥有更多的选择空间和搭配方式。为了兼顾性能与操作难度，除了考虑其性能是否强大和均衡，我还会尽量以容易上手、无须复杂调试为选择标准。

1）从性能出发，可在高性价比话筒的基础上，增加声卡、监听耳机等设备。这样搭配性能分配均衡，性价比高，操作相对简单，适合新手，是这一价位的设备中兼顾性能与实力的选择。

- » 话筒：AKG P3S是高性价比动圈话筒，价格在1000元以内，声音平衡，支持电脑和移动设备，动圈麦克稳定可靠。
- » 话筒：铁三角AT2035，价格约1300元，心形指向适合较多场景，专业度高，拾音效果好。
- » 话筒：RODE NT-USB是集成声卡电容话筒，价格在1000元左右，同时支持连接移动设备和电脑，使用场景更加广泛，广播级人声录音，集成声卡功能。
- » 声卡：YAMAHA UR12，价格在1000元左右，它可以连接电脑或移动设备，基础功能完备，调试简单且功能可靠。
- » 声卡：ROLAND Rubix22，价格约1500元，它有双输入输出，自带话放，底噪较低。
- » 监听耳机：SENNHEISER HD300，价格在500元左右，它是折叠便携款，性价比高，功能稳妥。

特别要说的是，声卡连接较为复杂且便携性不佳，不适合需要大量外出录音的使用场景。

也可以选择带集成声卡的电容话筒，虽然这种集成声卡的功能不像专业声卡那样丰富，但它是专为话筒研制的，实际使用效果并不差，还可以节省空间，提升便携性，丰富使用场景并减少功能浪费，是这个预算级别中比较稳妥的选择。

2）从便携性出发，这个价位也有更丰富的选择方案，如适配移动设备的mini话筒及无线蓝牙话筒，不仅方便，品质也很可靠。还有录音机，在这个价格区间内，也可以选到极具性价比的款式。

选择更专业的便携式电容麦，并在监听和声卡上做出让步，能在较少牺牲音质的同时大大提升便携性，这种方案非常适合需要灵活创作的场景。例如，SHURE MV88话筒，价格在2000元左右，既便携又有专业拾音头和预设模式，让录音变得更简单方便，其官方录音App还有简单的编辑润色功能。

如果你经常在室外或有背景噪声的地方录音，且不方便携带复杂的设备，那么可以直接通过手机使用的蓝牙麦克风。例如，RODE Wireless GO II，价格在2000元左右，它非常轻巧，录音音质不错，降噪也很好，很适合各种场景下的声音录制。

使用话筒录音时，需要将话筒直接或通过话筒放大器、调音台等设备与电脑连接，其最大的缺点是不便携。如何在便携的同时，又能保证录制的品质？有一种录制和调音多合一的设备——独立录音机——是很适合播客的选择。这种设备便携性高，性能十分稳定，可适用于多种场景。简单来说，有了它就不需要电脑、手机等设备了，它可以独立完成所有的高质量录音工作。例如，ZOOM H6录音机，它的价格在3000元以内，极具性价比，是很受播客主播欢迎的产品。

它非常小巧，适合去室外收音，也可以外接专业话筒获得更好的音质。

1000 ～ 3000 元预算的方案如图4-9所示。

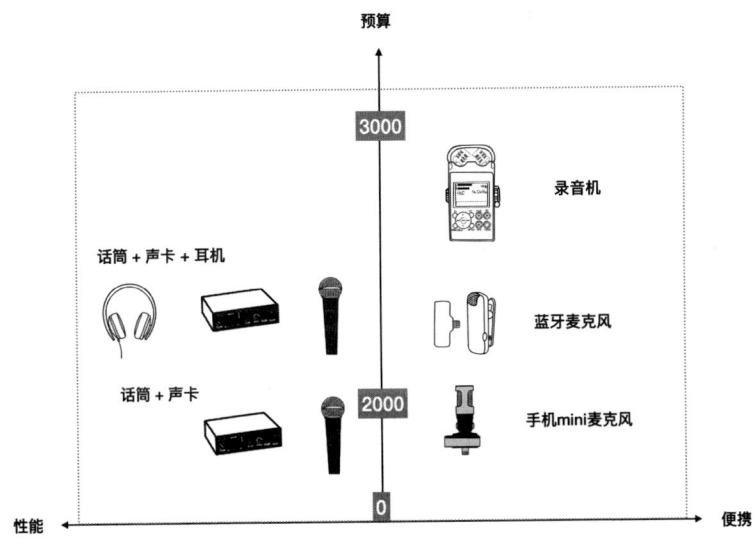

图4-9　1000～3000元预算的方案

### （4）3000～5000元预算

预算达到这一级别，可选择的设备款式会更丰富，性能也更高。方案核心考虑的是工具在各个维度上达到专业度和效果。具体产品包括：

» 话筒：SENNHEISER MK4，价格在3000元左右，适合小型专业录音棚，音色纯净细腻。

» 监听耳机：铁三角M50X，价格在1000元左右，有高解析力且三频均衡。

以上就是结合预算及便携性需求，可以考虑的大部分设备配置。

不同的配置方案选择如图4-10所示。

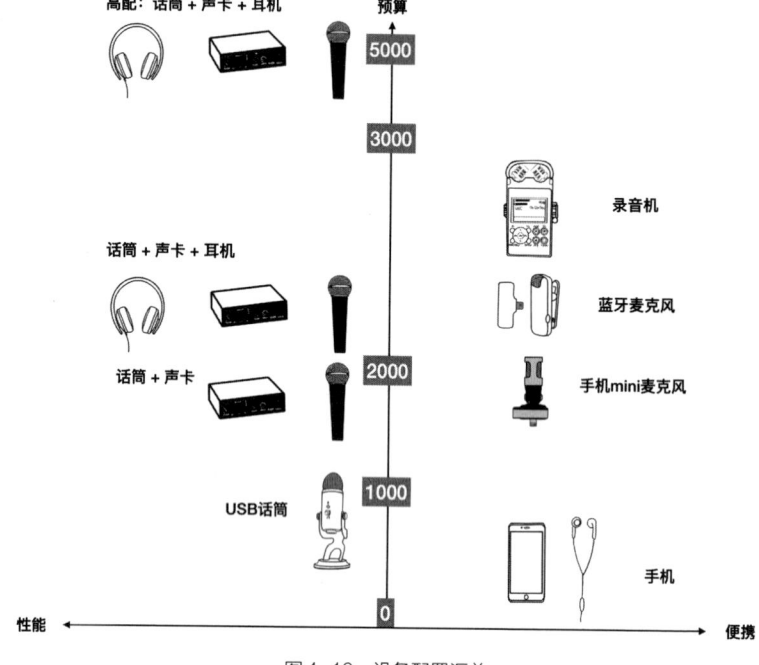

图4-10    设备配置汇总

需要注意的是，录音设备品牌很多，产品也很丰富，随着时间的变化也会有很多变化，所以以上设备和配置的推荐仅作为参考，目的是让大家了解播客需要的设备。实际配置时，建议多请教身边有经验的朋友或多看一些播客主播的推荐，感受实际效果，这些交流会帮助你减少不必要的投入，少走一些弯路。

随着设备配置上升，设备调试也会变得更加复杂，需要一定的学习成本。最后，购买专业设备，建议选择相对主流的品牌及可靠的购买渠道。

## 2. 不同录制场景的设备参考

现在，大家对于录音流程和录音设备有了一定了解。如果你是一个人录节目，设备问题还是比较容易解决的，但是实际录音时往往有很多意外情况，如多人录节目、异地录节目。这种情况该怎么准备呢？通常我们还是要结合"需求、平衡、预算、学习成本"四个原则来选择。

### （1）多人录音

如果是在同一个地方录制多人节目，并希望使用话筒收音，那就得准备2个话筒，或者用有多种拾音模式的话筒收音，如前面提到的Blue Yeti。

### （2）异地录音

现在"智能手机+App"的组合录音已经可以在很多场景下满足大家的需求。例如，很多人都有过在线开会的需求，用Zoom、腾讯会议或飞书的视频会议等工具，可以实现多人异地语音或视频交流。这些工具都有录制功能，可以在会议结束之后导出视频或音频，因此完全可以用这类工具录制播客。

例如，喜马拉雅的多人连麦录音功能（如图4-11所示），就是对新手极其友好的多人录音和异地录音工具。

前面强调过，想要使用"手机+App"录出音质还不错的内容，重点是要控制好录音环境，除此之外，在线连麦也需要考虑"网络环境"的影响。如果网络不好，录制过程中声音断断续续甚至中断，这些情况会破坏沟通中的心流体验，需要注意规避。

图4-11  喜马拉雅的多人录音工具

## 4.3  如何进行后期制作

### 1. 认识后期制作

录制完成，节目就可以发布了。但是为了解决录制过程中的瑕疵，以及提升节目成品效果，我们需要对音轨进行后期制作。具体工作包括剪辑、降噪、提高语音部分音量等，如果还有开场白、赞助商广告插入，还需要做一些混音工作，将这些音轨都混音成完整的播客。

### （1）常用音频制作软件

以前音频制作需要斥巨资采买专业硬件设备，随着数字技术发展，现在的情况已是大不相同。专业硬件设备，如今用计算机软件便可仿真。并且软效果器、软调音台等虚拟设备，无论是性能指征还是操作界面的友好程度，都让传统硬件设备望尘莫及。

目前主流的音频软件完全可以满足个人使用的基本需求。我们可以尝试不同的音频编辑软件，如最主流的音频软件之一——Adobe Audition和Mac电脑自带的免费软件——库乐队。

如果不想下载软件，也不想花很长时间学习音频剪辑的专业技巧，也有简单易用的在线剪辑工具可以选择。例如，喜马拉雅的在线云剪辑软件，覆盖了常用的剪辑、后期功能，还有ASR文字转语音处理功能，可以大大降低剪辑耗费的时长。这个软件与创作中心相连，剪辑完成之后可以直接发布到喜马拉雅平台。云剪辑如何使用，会在第6章详细介绍。

**（2）后期制作流程**

剪辑就是对录制的干音进行适当的删减、编辑，从而修饰录制过程中的错漏，提升节目成品的流畅度和可听性。剪辑并不是必需的，但合理的剪辑可以很大程度提升节目品质。我们可以依据具体情况，对音频做出调整。

后期一般会分成4个步骤：音质调整、干音剪辑、后期包装和音频导出。

1）音质调整。录制完成后，可以用音频剪辑软件对声音做简单的处理，这一步一般是对录制过程中不完美的或影响收听的情况进行补救。一般包括降噪、音量调整等工作，使得整体收听感受比较平稳舒服。如果录制效果比较好，这一步可以略过。

2）干音剪辑。接下来是对录制干音进行剪辑，我们要提炼精彩的片段并按照一定的表现逻辑拼接，让内容完整、流畅、吸引人。

3）后期包装。干音剪好之后，还需要对音频做一些包装。最常见的包装是垫乐，能让节目更有氛围；有的会有片头，让大家对这个节目定位有印象，知道这个节目是聊啥；有的还有音效，比如一个话题结束后，加一个小提示音，让人听的时候可以抓到节奏。

后期包装可以让整个节目听起来更有氛围，也能让人听得更舒适。

4）音频导出。节目剪辑、包装好就可以把音频导出来，在这个过程中，最重要的是文件属性的设置。

播客通常只有人声，在导出时长较长的音频时，通常会选择192kb的MP3文件格式。MP3格式可以压缩保存，节省我们的硬盘空间，同时能保持音质，听众也不会注意到差别。

### （3）干音剪辑的步骤

干音剪辑最耗费时间和精力，也能体现一个节目的实力和诚意。

剪辑的流程一般为错漏初筛、内容增删、整体审听。

1）错漏初筛。删掉错漏、静音等内容。建议删除的内容如下。

» 长时间静音：指因为录制者的各种情况，出现一些过长的、会影响收听体验的静音。一般静音不要超过五秒，超出的部分建议剪掉。同时应该注意不要矫枉过正，使剪辑过于紧凑。

» 无效信息：指没有预先安排的内容或有可能偏离主题的临时发挥。这些内容也可以适当删除。

» 错误：指杂音（异常响动）、口误、口吃、掺杂过多的无意义词汇（如嗯、啊）等情况。删除"嗯、啊"这些词挺麻烦的，有些人觉得有口头语也是自然表达的过程，所以这部分删减的程度看自己的要求。

2）内容增删。基于控制时长和完善内容的删改。删掉冗余的内容，保留精华。这个过程没有客观上的标准，需要我们按照自己对节目内容和节奏的理解进行把控。去留之间，需要考虑节目的主题、话题，听众的喜好，还要考虑其他创作者的意见。录制过程中缺失的信息，也可以补录并在这一步添加进去。

3）整体审听。指对剪辑后的内容进行整体试听并把控效果。这一步中如果发现前几步过程中的遗漏，还可以再做微调。

我们可以把整个后期制作理解为烹饪的过程，前期准备和录制可以看作买菜；音质调整和错漏初筛可以看作洗菜；内容增删和整体审听可以看作切菜；最后增加垫乐并合成可以看作炒菜。

洗菜的过程，需要洗净泥沙和农药，并且无论菜品如何被烹调，都需要这样一道工序。代入到音质调整和错漏初筛，就是剪掉所有不应该出现在成品节目中的内容，这一步是客观的，是有迹可循的。当然，如果在录制过程中就进行得很完美，就好比买的是已经洗净的蔬菜，那这一步也可以省略。

切菜时，需要根据菜品本身的特点和食客的口味，将菜品加工成不同的形态。这通常需要根据呈现的成品去考虑，同时可能需要去掉自己或食客不喜欢、不适合的部分。内容增删也是同样的道理，需要考虑创作者和听众的需求。

### 2. 剪辑的原则

剪辑过程是二次创作过程，所谓"千人千剪"，那么我们又该按照什么原则去剪辑呢？

#### （1）应该更注重流畅还是真实自然？

这个问题同样需要具体分析。如果录制内容是咨询、广播剧、有声书或其他有稿件的形式，剪辑一般需要以稿件为准，此时的原则就是注重流畅和尊重原文。这类内容的信息比较密集，剪辑节奏也要偏快一些，让收听者能更高效顺畅的获取信息。

如果录制的是谈话节目或其他播客，文案只有简单框架，有大量自由发挥，那么这种内容更接近日常人的说话方式，大家对口误等错漏的容忍度是很高的。完全以流畅为优先的剪辑，可能造成整体缺乏呼吸感，十分不自然。这时就要更多考虑真实自然，尽量将错漏控制在日常交流的范围之内。

#### （2）后期是万能的吗？

后期不仅不是万能的，还有很多局限性。后期的剪辑与制作，更多是起到粉饰错漏或锦上添花的效果，很多问题是后期无法补救的，如录音失真、声音重叠等。同时后期的降噪功能，不可避免地会对音质有影响。可以说后期修补，只是一种提高效率的手段，如果一切错误都依赖后期解决，将大大增加工作量，并且效果也会不尽如人意。

所以前期录制过程，就显得尤为重要。如果没有专业的录制场地，则尽量选择安静、大小适宜的房间进行。录制工具也尽量满足相关需求。

### （3）如何做到一刀不剪？

很多人不喜欢剪辑带来的工作量，和不过关的剪辑手法带来的不自然感。那么如何才能绕过这些麻烦呢？需要做足前期准备工作——录音场地和设备过关，准备系统的稿件或列出详细的提纲。另外，如果整个过程做到基本滴水不漏，那么不做剪辑，甚至能带来更舒畅的收听体验。但这不是一蹴而就的事情，需要创作者之间、创作者与器材和场地之间适当地磨合。

实践
小行动

1　打开云剪辑，上传任意一条音频，花15分钟尝试云剪辑的主要功能，熟悉音频剪辑的流程。

2　如果出现难听的声音，找到原因，并在下一次录制中避免这种声音再出现。

3　对比多种场景下录音效果，找到自己最佳的录音场景和录音状态，确保下次录音之前可以快速启动，并且保证音质不会太差。

# 05

## 开始你的第一个节目

我曾经在聚餐时用2种食材完成了一道甜品，甜品拍出来还挺好看。当时我有一个体会：简单的东西也能很精彩。

米其林三星的大厨可以创造出美味的奇迹，而热爱生活的我们，同样可以用两三种食材做出很美味的、可以给家人朋友分享并传递幸福的美食；摄影大师可以捕捉到光影的奇迹，而感受敏锐的我们，也可以用手机抓住生活中的生动瞬间。

我们可以抱着为家人朋友做一顿美餐、为情侣拍摄心动瞬间的心情，开始我们的第一个节目。

一般来说，一个完整的播客制作流程会涉及以下7个步骤：1）选题；2）邀约嘉宾；3）发布活动预告，触达潜在的参与者；4）录制；5）剪辑；6）上传、发布；7）分享给更多听众。

本章我们向大家介绍对新手录制最友好的流程，将第一期播客节目简化成4步，分别是：1）选题；2）录制；3）上传、发布；4）分享。

## 5.1  适合新手的选题

我的播客节目可以讲什么呢？我们先从节目的选题开始讲起。第一期选题，我们先不考虑听众喜欢什么，平台小编会推荐什么，而是从自己有感觉、有把握的选题开始。自己想聊、有表达欲、有想法是节目有意思的起点。

我选了两个适合大部分新手，或者说是所有新手必将面对的选题做参考，这两个选题不涉及嘉宾邀请，可以独立完成，除了立刻开始，已经没有其他需要准备的事项。

## 1. 分享一本好书

如果你想表达，但是又没有想好具体表达什么，那最推荐的就是先做一期读书节目，来体验下录制播客的感觉。

可以是你最近很喜欢的一本书，也可以是最近对你影响比较大的书，还可以是成长过程中对你有启迪或是在你个人专业领域中你觉得最实用的一本书。总之，一定有一本书是属于你的本命书，让你有话要讲。

你可以朗读这本书的精彩章节，沉浸其中，消化知识，吸收情感；也可以讨论这本书的新奇角度，一本好书是一个灵感启发器，让你获得知识之余，也激发看世界的新视角。

以此类推，电影、电视剧、综艺节目、当下的热点事件，都可以成为你的选题。

## 2. 我的第零期播客

如果你已经开始要做播客节目，那一定会有一期节目是用来介绍自己，讲自己的故事，让大家认识你的。同时，这期节目也能让听众了解你接下来做节目的想法、计划，给大家一个预告。

你在这一期里，可以讲以下几方面的内容：

- » 我的自我介绍。
- » 我为什么想做播客。
- » 我的播客会讲哪些内容。
- » 预计会更新到几期、更新频率是怎样的。

» 我的播客会有什么亮点值得期待。

» 其他。

### 3. 记录三件好事

三件好事是故事型内容。具体来说，就是讲一讲自己今天遇到的三件好事，以及好事发生的原因。这是我做过的选题中，很容易、很轻松、很快乐的一个题目。它源于积极心理学的研究，积极心理学收集了几个世纪各种干预方法，提炼出可重复可传授的形式，发现三件好事的练习可以持续有效促进幸福感，降低抑郁。

具体如何做这个练习呢？很简单：

1）回忆今天发生的好事。比如工作很顺利，获得成就，收到了领导的肯定；比如亲密关系有了进展，伴侣表达了对自己的爱；比如之前卡了很久的一件事情终于解决了，有了"上岸"的轻松心情。即使不是什么值得大肆炫耀的小事也可以，比如天气很好，出门晒了太阳，看到了路边绽放的鲜花很幸福；再比如遇到一个可爱的人，进行了有趣的谈话等。

2）说明这个事情为什么会发生。例如，这件事情发生，是因为我一直对他人很友好；这件事是因为我之前坚持努力了很长时间等。这种归因，可以让自己发现自己的优势，建立并强化正向反馈的模式，让我们更认可并接纳自己。

## 5.2　最简录制步骤

### 1. 录制环境准备

选择好你要录的选题，就可以安排好时间和场地录制了。前期工作，除了录制内容的准备，关键还有准备录制环境和录制设备，这关乎内容的音质。

日常生活中，什么样的环境接近理想录音环境呢？开着衣柜门的卧室和开着书柜门的书房是比较好的选择；有的主播喜欢在车库里的车上录音，有的主播在自己的衣帽间录音，也有的干脆在身上批上一条毯子录音，这些都没有额外花钱，但满足安静、小、柔软的环境要求。

### 2. 手机录音步骤

我们先用手机自带的录音工具录制干音内容。

录制过程很简单——第一步，点击开启按钮；第二步，录制；第三步，点击停止并保存。

过程虽然简单，但在实际工作中也会遇到一些小问题，要特别提醒大家注意：

1）使用有线耳机而非蓝牙耳机。很多情况下，蓝牙耳机有延迟，也会影响音质，尽量不要用蓝牙耳机，而是使用有线耳机。

2）注意话筒的距离和方向。录制时，声源与话筒最好保持2个拳头的距离。太近，会减弱信号或是喷麦，太远，会有杂音。

3）找到舒服的姿势，尽量不要有小动作，不要制造出噪声。例如，情绪激昂，说起话来手舞足蹈，很可能会拍桌子或碰到桌子，会收录到巨大的声响。这种噪声和人声混在一起，后期是无法补救的。

4）气息稳定有力量，既不要过强，也不要太弱。大概的感觉是，在离自己一臂之外的地方有一支蜡烛，你的气息一直对着蜡烛的火焰，它可以被你吹得颤动，但又没有熄灭。一直持续这样的气息状态，听众听到的声音就会比较舒服。

5）检查录音状态，确认录音按钮开启。"录得正嗨，话筒没开"是主播一大惨剧。录制可以重来，但当时的状态很难重现。

### 3. 互动房间录制

如果你是一个外向的人，本来就很喜欢和大家聊天，在聊天的过程中，不仅自己能量满满，也能激发他人的能量，与他人碰撞出无数小火花，这种情况，很推荐你用互动房间聊天开启自己的播客首秀。用来互动的可选工具也很多样，比如视频会议工具，以及喜马拉雅的开放录音房间工具。

分享一本好书、我的第零期播客，都可以在互动房间展开。在互动房间，一开始就有可能会有人在收听你的节目，让你没有一个人对着空气讲话的寂寞感；在互动房间，选题更自由，遇到不同的人，可以开展不同的随机漫谈。

你将会是互动房间的主持人，因此也要有基本的品控意识和控场意识——比如对内容音质、话题质量、房间氛围等的把控。以下是主持人的品控清单：

### 1）音质方面

» 如果出现尚未参与讨论的用户开麦，产生噪声的情况，要提醒用户闭麦，或者主动关麦。

» 如果用户讲话时有噪声，需要提醒用户到一个安静的场合。

### 2）内容方面

» 如果觉得对方内容不太恰当，如和主题无关、无视他人存在、过度暴露隐私等，主持人可以打断。

» 麦上的人要遵守交往礼仪，倾听不同的声音，接纳不同的观点。如果发言人有不当的社交行为，例如攻击他人、负面评价他人等，主持人应该行使自己的权利，及时打断，及时阻止影响他人的不良行为，维持好房间氛围。

## 4. 节目录制流程

节目开始之后，按照什么顺序和流程进行呢？接下来我们以一期读书会为例，展示基本的步骤和时长。

| 步骤 | 时长 |
| --- | --- |
| **（1）开场介绍**<br>○ 介绍自己<br>○ 这是什么类型的节目<br>○ 介绍流程<br>○ 介绍主题和书：书名，主题，谈论主题并朗读推荐章节 | 3~10分钟 |

续表

| 步骤 | 时长 |
|---|---|
| **（2）读书会开始**<br>　○ 介绍推荐的书籍：<br>　　■ 这本书的主题是什么，有什么反常识内容和启发性观点<br>　　　（注意时间脉络）<br>　　■ 资料：为主题补充的证据（3~5个）<br>　　■ 人物：作者是谁、背景、年代……<br>　　■ 找出这些证据和案例的源头，找到提出术语的人<br>　　　□ 他为什么厉害<br>　　　□ 他有哪些作品<br>　　　□ 他的生平经历<br>　○ 金句：有没有写得非常震撼的话语<br>　○ 行动：够指导我们的行动是怎样的<br>　○ 开放：个人阅读感想 | 15~40分钟 |
| **（3）互动房间（如有）**<br>　○ 可以邀请听众上麦，增加互动环节<br>　　■ 邀请自我介绍<br>　　■ 邀请反馈，听到刚才的分享有什么问题想提问<br>　　■ 有没有自己想推荐的相关书籍 | 10~15分钟 |
| **（4）收尾总结**<br>　○ 一句话总结这本书，总结这期节目<br>　○ 结束语 | 3~10分钟 |

再为大家提供一个可以自己单口讲，也可以和自己的朋友一起录制的节目框架，如《三件好事》，流程和脚本可以这么做。

| 步骤 | 时长 |
|---|---|
| **（1）开场介绍**<br>　○ 自我介绍<br>　○ 介绍本期话题：<br>　　■ 什么是三件好事<br>　　■ 如何做这个练习 | |

续表

| 步骤 | 时长 |
| --- | --- |
| 【脚本参考】<br><br>大家好，我是……<br><br>今天讲讲自己遇到的三件好事。<br>什么是三件好事练习呢？<br>心理学有一个流派叫积极心理学，它不是研究心理问题的，而是研究如何让人幸福的。<br>他们做过很多实验，验证哪些方法可以让大家获得幸福感。<br>其中有一种非常简单的练习，持续操作可以长期提升幸福感，降低抑郁感。<br><br>如何做这个练习呢？<br>第一，回忆今天发生的好事，小事也可以。<br>第二，说明这个事情为什么会发生，举些例子：<br>● 这件事情发生，是因为我一直对他人很友好；<br>● 我之前坚持努力了很长时间； | 3～10分钟 |
| （2）分享自己的三件好事<br><br>【脚本参考】<br>今天我遇到的：<br>第1件好事是……原因是……<br>第2件好事是……原因是……<br>第3件好事是……原因是…… | 15～40分钟 |
| （3）连麦互动（如有）<br>　　○ 和朋友互动<br>　　○ 反馈和互动<br><br>【脚本参考】<br>　　○ 小明，来说说你遇到的好事是哪些呢？<br>　　○ 有朋友连麦一起来说说你遇到的三件好事吗？小明上麦了，我们请小明分享下今天发生的好事吧。<br>　　○ 感谢小明的真诚和信任……小明在讲……的时候，我印象很深刻，因为……我也有同感……我想到了……我自己也经历过…… | 15～40分钟 |

续表

| 步骤 | 时长 |
|---|---|
| （4）收尾总结<br>　　○ 分享完这三件好事的感受<br>　　○ 结束语 | 3~10分钟 |

以上流程供参考，具体可以基于你想表达的内容来规划你要录制的内容。

## 5.3　上传、发布和分享

内容录制结束之后，这期节目就初步完成了。它不完美，但你大可以勇敢分享出去。第一个节目不是为完美而生的，而是为勇气而生的。

上传时，需要跟着操作引导，先创建一张专辑，起一个让人有印象的标题，并配上漂亮的专辑封面，再将处理好的音频节目发布至这张专辑中。

好啦，你终于可以点击分享按钮了！将它分享到你的朋友圈和微博吧，这是属于你的第一个播客节目哦！牢记这个时刻，说不定以后这将成为你播客栏目的纪念日！100期之后，再来回味它。如果你觉得还不是很完美，可以先分享给你的朋友，你的不完美，在朋友眼里都是小可爱。他们会接纳你，给你真诚的反馈。这些对你之后的成长，都相当重要。

经过第一次尝试，你会发现做播客一点都不难。你能清晰地了解哪些环节是具有创造力的，令你体会到无可复制的愉悦；哪些环节是需要用心打磨的，你还有很大的进步空间。下面就让我们一起精进吧。

1 直接用手机录制你的第一个播客节目。检查环境，不要有噪声，录完就写上标题发布上传，不要考虑太多或怀疑自己。选题可以从本章推荐中选择，也可以做自己感兴趣的话题。

2 用多人连麦创建一个直播房间，邀请你想聊的人一起聊一个开放话题。选题可以从本章推荐中选择，也可以是嘉宾感兴趣的话题。

**06**

# 播客优化清单

我们欣赏过很多好内容，我们对内容也有自己的判断，但创作好的内容无论什么时候都不是门槛很低的事情，与创作者的天赋、方法、经验还有投入都有关系。因此，提升内容的质量，相对来说是比较难的事情。

不仅如此，哪怕是从"做到"到"完成"、从"作业"到"作品"，往往也有显而易见的分界线。

很多时候，创作者录完一段内容上传之后，不会有很多听众收听，打开一个开放录音房间，也不会有任何人进入。这种情况主要是因为创作者没有完整地传达意图，内容是不完整的，听众不理解作者在讲什么，包装和需要传达的要素也是不完整的，听众不明白自己要听什么。这些问题显而易见，也比较容易改正和提升。

正如前文所讲，一档好的播客节目，需要用更多维度、更细颗粒度去评估。想要做得更好，很多维度上都有提升的空间。对于"萌新"主播来说，重要的是找到那些容易改进和能快速提升的点。

所以本章重点是帮助新手提升作品完成度，让业余的表达看上去像一个真正的"作品"。

## 6.1　完善包装

### 1. 封面配图

封面就像"脸"，用户看到它的第一眼往往就会决定是否点击。选择合适的logo和封面图，有助于更好地展示你的播客。

新手容易犯的常见错误是随便在自己的相册中挑一张未经过任何

处理的图片，作为专辑封面。这种封面可能是一个普通个人自拍，是路旁的一棵树或一朵花，是孩子的照片，或者是上网冲浪时下载的影视剧图。这些图的问题是视觉元素杂乱，没有聚焦的主题，也不符合审美要求，让人和不好的内容品质产生关联。如果你用这些图，用户下意识的感受会是——"哦，这是随便录的，我不需要花时间来听。"

好的播客封面会充分利用视觉元素和视觉语言来表现节目主题、内容风格、和主播的个性，如图6-1所示。

图6-1　一些播客节目的封面集合

很多播客封面会用简单的字体设计来传递核心内涵，比如《故事FM》《文化有限》等；如果播客主播有知名度、人格魅力很强、形象很有感染力，也会在封面中展出个人肖像，如《姜思达》《沈奕斐的播客》；还有很多播客封面会在文字基础上，通过图片的设计延展内涵和调性，如《创业内幕》以一份档案的样式体现话题的深度，《城市罐头》则以黄铜色的罐头俯视图作为背景，醒目、有都市气息，让人过目难忘。

建议你从网络上选取与专辑内容风格相匹配、画面清晰且版权可用的图片作为背景，添加上专辑标题或相关文字。手机上可以下载不少简单的图片处理工具，让你的图片看上去更有调性。一些用心的主播还会为每一期节目配上独一无二的图片。

只要了解并遵守一些简单的原则，不需要找艺术家和设计师设计，也能让你的图片拥有高品质。

**（1）画质清晰**

想要配图"高大上"，图片像素高是一个必要条件，只有像素高的图片才能衬托出文字的细腻。建议把图片转换成 PNG 格式，你可以用 Photoshop 打开图片，依次点击文件—导出—存储为 Web 所用格式，并在弹窗中把图片宽度调整为 900。感受一下，是不是图片体积又小又高清无损呢？

**（2）主题统一**

包装整体要与内容调性统一，好的配图一定与主题有关联。一个概念分为内涵和外延，一期播客的内涵就是声音本身，而外延之一就是配图，是声音的辅助表现形式。

你可以选择播客主题下的若干外延词汇，利用这些词汇检索同一种风格的图片。图片的风格大致可以理解为图片所使用的滤镜，如日式复古、怀旧、黑白、胶片等，一期播客尽量要统一选用一种风格的配图。

**（3）位置统一**

位置统一包括两端对齐、居中显示、两端缩进相同倍数、上下留白相同等。通常图片中的各个视觉元素要相互对齐。

喜马拉雅的创作中心提供了两个比较简单的封面制作小工具，

分别是"一秒制作封面"和"封面制作专业版"（如图6-2和图6-3所示），可以充分利用起来。

"一秒制作封面"真的很方便，只有两个步骤——选一张调性匹配的图，然后添加标题，选择标题的排版模式就完成了。

图6-2　喜马拉雅创作中心"一秒制作封面"

如果你觉得"一秒制作封面"的效果比较单一，还可以看下"封面制作专业版"，同样也是非常简单的模板化的操作方式，但是提供了视觉元素更为丰富的模板。

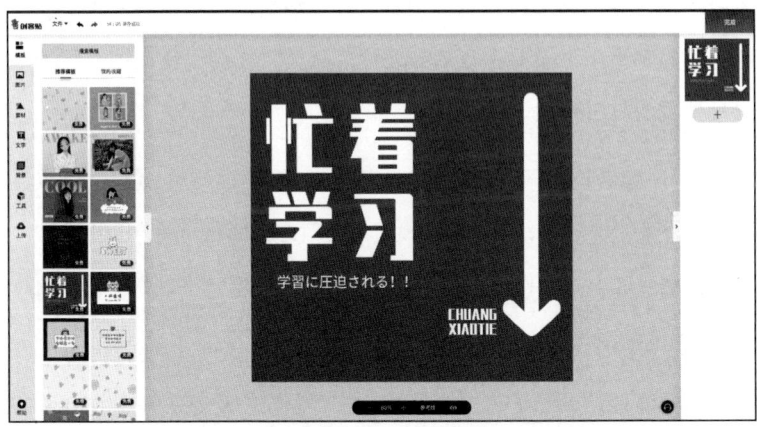

图6-3　喜马拉雅创作中心"封面制作专业版"

### 2. 打磨文案

#### （1）标题

播客的标题包括专辑标题和节目标题。

播客的分发逻辑多是单期节目分发，因此标题是用户判断感不感兴趣的第一要素。没有谁会去关心糟糕的标题下，到底蕴藏着怎样的内涵。

虽然我们嘲笑无底线的"标题党"，但大家千万别排斥成为"标题党"，因为这可以培养站在用户视角看自己内容的视角切换能力、对用户价值的判断能力、能够有效提升点击率的文案能力。

实际上，很多人制作的播客通常每周会开长达1小时的"标题会"来反复斟酌标题。

那什么样的标题是一个好标题呢？有4个要素：

1）字数。好标题的字数适中，通常在10～30个字。标题字数太少不足以说清楚关键信息，太多则过于啰嗦，显得内容水平不佳。标题中的每个字词要有存在的必要性，无关紧要的词就砍掉，留给用户最直观的收听理由。

2）关键信息。一个标题要告诉用户，这个节目讲的是什么，重点是什么，不能很空泛、不聚焦。没有关键信息的标题，用户会不理解，也不会觉得这个内容和自己有关系，这样用户也就找不到收听的理由。

3）表现力。标题比较忌讳平平无奇，起标题时，要找内容中有戏剧感的信息，如当下有热度的话题、有争议的观点、能引发好奇的疑问、具体场景的描述或金句等，来引发用户的注意。

4）符合基本规则规范。有一些问题是一定要避免的，比如有错别字、有病句；又如主题碰到底线，违背公序良俗、法律法规；再比如过于"标题党"，内容和标题不符等。

举一个例子，之前在妇女节的专题活动中，我与健身内容创作者雯琳约了一个选题，这期节目的标题就有过一次调整。

» 改之前：从身材谈女性力量
» 改之后：白幼瘦，一字肩，马甲线，女性身材凭什么被定义？从身材谈女性力量

想象一下，如果你看到这两个标题，哪一个你更有可能点开？为什么？实际上，调整标题后，她这期节目在这个活动的点击率排名当中是很靠前的。我们看一下这个改变背后的逻辑。

首先这个选题是很不错的，但改之前的标题有两个问题——第一个是字数少，完成度低，像没有写完的草稿；第二个是太大了，不吸引人。实际上无论是身材，还是女性力量，现实生活中我们有很多与之相关的热门话题，实际分享过程中，也会有相关观点涉及。把更具象的热词加上，如后来增加的"白幼瘦""一字肩""马甲线"这些词，能让听众更有感觉。而"女性身材凭什么被定义？"这句话不仅有态度和立场，也充满了争议，可想而知它会唤起多少人的共鸣。

### （2）内容简介

你可以灵活使用专辑和节目的简介功能，归纳播客的主要内容。这不仅有助于提升在搜索结果中的排名，还可以帮助听众快速找到所

需的或感兴趣的内容。

专辑简介的基础框架包含以下几部分：

1）主播简介——用你的个人魅力为内容加分

2）更新周期——让听众养成定期关注你的习惯

3）播客特色归纳——让听众记住你的节目

4）脉络提炼——让听众容易知道本期重点，有期待

《故事FM》的简介开篇就是"用你的声音，讲述你的故事"，这句话传达了这档节目的核心价值——它是当事人真实讲述的故事，它是普通人的故事，你也会在这些故事中获得共鸣；它非常注重制作过程，来保证听故事的过程有看电影的体验。

《文化有限》的简介框架很清晰。首先，是分享节目的基本信息——节目定位是一档泛文化播客；更新频率是每周更新；更新时间是每周二，更新内容是分享最打动我们的作品；主播三人，分别是大壹、星光和超哥，都是来自互联网和文化行业的从业者。其次，简单阐述了自己的创作初衷——在这个可以把"知识"做成产品售卖的时代，很多人说通过几个视频、几条音频、几篇文章，就能让人认知升级、人格跃迁；《文化有限》则非常谦卑，我们对节目的期待是"除了能给你解解闷儿，百无一用"，我们知道，自己对这个世界乃至我们自己，知之甚少，所以我们希望通过这档播客提醒自己，永远对这个世界保持好奇，保持谦卑。最后，是收听渠道及鼓励用户订阅的信息。继续浏览，则能够看到他们一周一期分享的各类作品，总有一些作品，能让你有共鸣。通过以上简介，听众可以快速了解主播气质和

节目氛围——主播把读书当作生活方式，和朋友保持精神交流，和听众平等对话；节目非常有感染力。

图6-4　《故事FM》和《文化有限》的专辑简介和节目标题

### （3）Shownotes

播客内容只能听，不能看，非常考验听众的耐心。听完一档节目需要很长的时间，且中间还不能走神才能抓到内容的精华。

因此如果你只是自顾自地介绍了一大堆，听众多半不容易抓到重点。但若是你能先给出一份景点地图，让人家边看边听，听众自然就能对内容和观点更理解。

Shownotes就是这样的存在，它可以向听众提供其他信息，帮助听众了解这期内容有什么，抓住精华；可以让听众知道时间轴上不同的时间点讲了哪些点，知道节目中提到的书、电影和音乐以及哪些地方有彩蛋等。

Shownotes是节目最好的辅助，优质的节目都会给听众准备好贴心的Shownotes。

喜马拉雅时刻文稿和小宇宙时间戳都可以算是Shownotes，可以让内容在时间轴上的顺序被看到，听众也就不用在不感兴趣的地方等待太久。

图6-5展示了一个案例，是《时而散步》第65期《恐惧与喜悦，都是爱自己，把“教练”当成方法》的Shownotes。

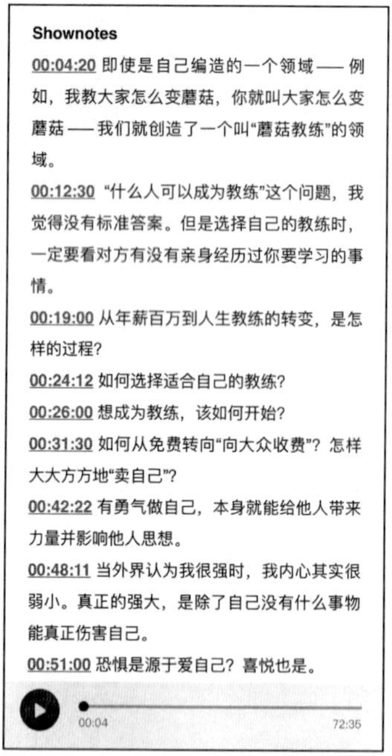
**Shownotes**

00:04:20 即使是自己编造的一个领域——例如，我教大家怎么变蘑菇，你就叫大家怎么变蘑菇——我们就创造了一个叫“蘑菇教练”的领域。

00:12:30 “什么人可以成为教练”这个问题，我觉得没有标准答案。但是选择自己的教练时，一定要看对方有没有亲身经历过你要学习的事情。

00:19:00 从年薪百万到人生教练的转变，是怎样的过程？

00:24:12 如何选择适合自己的教练？

00:26:00 想成为教练，该如何开始？

00:31:30 如何从免费转向“向大众收费”？怎样大大方方地“卖自己”？

00:42:22 有勇气做自己，本身就能给他人带来力量并影响他人思想。

00:48:11 当外界认为我很强时，我内心其实很弱小。真正的强大，是除了自己没有什么事物能真正伤害自己。

00:51:00 恐惧是源于爱自己？喜悦也是。

00:04 72:35

图6-5 《时而散步》第65期shownotes

## 6.2 点击率提升技巧

我们的目标是提升点击率，那什么是可以提升点击意愿的呢？

人们倾向于选择将时间和精力投入到高性价比的东西中，用最低的成本，获得对自己来说最大的价值。

$$用户点击动力=可获得价值的预期/消耗成本$$

也就是说，用户通过阅读标题，认为自己可获得价值越大、消耗成本越低，就越可能会点击继续收听内容。所以你在给播客起标题、配图和写简介文案时，就可以按照这个公式检查：

1）能不能让用户感受到高价值？有用、有趣、有料、有吸引力吗？跟我的关系大吗？

2）用户是否觉得这是低成本的？是不是可以理解？是不是可以"秒懂"？

### 1. 切换到用户视角

如何评估用户的价值和成本？

这时候你需要切换到用户的视角。通过两种方法可以切换到这种视角：

1）快速调查，获得反馈。把标题给到身边对这个内容不熟悉的人，看他们对标题的第一反馈，或者拟几个标题，让他们投票并给到理由。

2）弹幕反馈方法。在写下标题时，想象有用户在看这个标题，并且他们会用弹幕的形式给你最真实的反馈，让你直面自己的文案，更及时地做出调整。随着你的调整，弹幕又出现变化，不解的声音少了，再调整一会之后，慢慢认可的声音就起来了，用户就愿意收听后面的内容了，如图6-6所示。

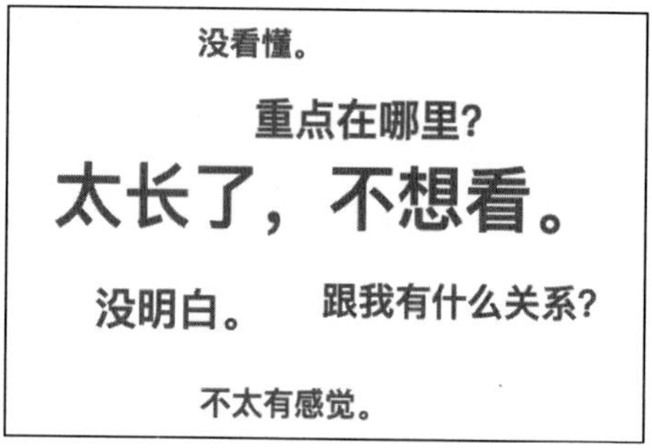

图6-6  小白视角弹幕

**2. 减少用户的消耗成本**

1）简明扼要，信息前置。好的标题往往凝练但信息量十足。所以你必须简明扼要，让关键词突出并前置。音频平台标题大多有字数限制，要是精心提炼的标题因为字数限制被折叠了可就得不偿失了。

2）筛选黄金关键词。这个关键词最好是用户熟知的、不需要思考的、有画面感的。如果是互联网行业播客，"大厂""马云""腾讯""网易""996""马化腾"……这些就是从业者们一眼就能关注到的关键词。

当然光提炼黄金关键词还不够，还必须在这基础上进行取舍，根据用户的情绪痛点调整。

3）善用热词。热词展现的是一种具象思维。大众热点往往讨论度较高，用户搜索的频率也会高。如果标题中带有相应的热词，播客被发现的概率也会相应提高。

4）善用数据分析。不知道音频平台的用户更偏向于哪样的标题，可以通过后台数据进行查询、分析。以喜马拉雅平台为例，播放量和流量转化率就是非常直观的数据，数据越高，说明标题的效果越好。

### 3. 提升用户对可获得价值的预期

1）展示和听众的相关性。这个问题可以用人类注意力的"鸡尾酒效应"来解决。在嘈杂的室内环境中（如在鸡尾酒会），同时存在着许多不同的声源——多人同时说话的声音、餐具的碰撞声、音乐声以及这些声音经墙壁和室内的物体反射所产生的声音等。这所有的声音，对你来说都是毫无意义的背景音。

但是，如果旁边突然有人提到了你的名字，即使音量比其他的声音小很多，你也能立即把它分辨出来。

同理，用户只会点击和自己有关系的内容。你的播客与用户在网络中相遇，用户给你的时间只有不到3秒，要想在3秒以内吸引用户点击，起标题时就必须拥有能够触达用户的关键词。

2）传递传播的价值。若想做到有效传播，我们需要在播客的标题中传出价值。这种价值不仅包含使用价值，也包含传播价值。令人发笑，或是令人产生思考，都是价值的体现。

3）提炼"卖点"和"亮点"。有了亮点的专辑，才是大家热衷追捧的专辑，通过标题展现出卖点和亮点，能调动用户兴趣，让他们产生情绪上的共鸣，并且引发他们想要去点开收听的兴趣。

以叙事类播客《故事FM》为例，图6-7是《故事FM》的简介，简介传达了这档播客的几大卖点：

> » 真人自述。每期节目都挖掘到了真实的故事，故事里的主人公都是真实的人，他用自己的声音去讲述真实经历。

> » 声音电影。每一期故事都是高标准制作，以生产电影的标准和方式去做制作声音故事。
> » 更新频率。一周三更，每周一、三、五更新。
> » 情绪价值。你能在别人的故事里找到自己的影子，找到共鸣，和自己和解。

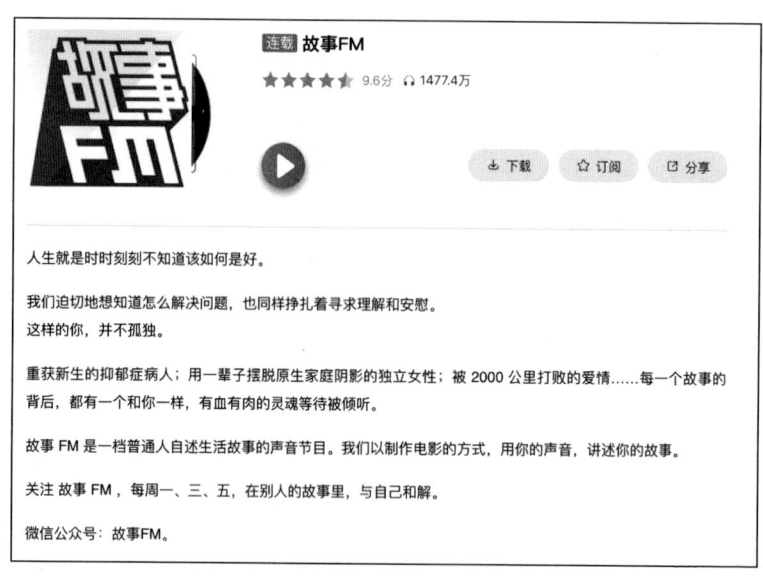

图6-7　《故事FM》的专辑简介

4）用金句的力量。爆款的文章，一定会有几个金句。好看的文案，一定有一个金句。脱颖而出的人会想方设法造金句。如果在播客中爆出了金句，请在文案中用加粗或者添加底色的形式凸显。

播客《Vibration歪波音室》的主播拾壹在录制Marcast旗下《请回答普鲁斯特》栏目时，被问到"最被高估的美德"一题，他的回答令人眼前一亮。在各种报道都在强调"坚韧"之下，他点出了面对痛苦时的感受和处理方式需因人而异，可以选择顽强，也有权选择脆弱，如图6-8所示。

很多人的坚韧和顽强，是牺牲了"敏感"，牺牲了一种"感受力"换来的。

——《Vibration歪波音室》主播拾壹

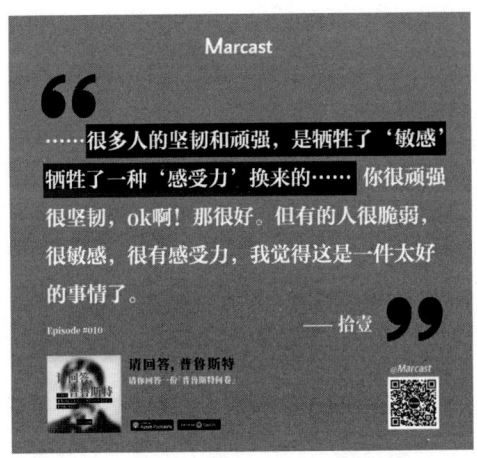

图6-8　《Vibration歪波音室》的金句海报

## 6.3　学会自信地表达

很多新主播面对话筒时是没有信心的，担心声音不好听，担心自己的观点不那么重要……这些忧虑并不一定是客观事实，但会影响表达的状态，从而影响听众收听的意愿度。

在录制的时候，要牢记"此时此刻，这个世界在为你停留"。你需要有意识地让自己的声音更清晰。

### 1. 发声技巧

声音从业者有一些常识性的发声技巧，但大众很少能了解到。充分运用这些发声技巧，能让我们的声音变得更好听。

没有过专业声音训练的人，用什么方式可以比较快地调整自己的声音状态，提升录音效果呢？以下是从播客录制要求中总结的可以提升的地方。

#### （1）口齿清晰

练习用非常夸张的方式读好每一个字，尤其是元音的部分。因为录音的时候，我们的语音有衰减，听众聆听的时候也有衰减。所以，我们要把传递信息的"信号"放大，把字说得更清晰，这样的话就会好听很多。

#### （2）丰富语调

丰富语调最基本的做法是一句话里面要有重音，避免采用像念稿一样的讲话方式，没有魅力。可以提前把重音标出来，重要的词重读，这是丰富语调首先要做到的。中文是一种特殊的语言，声调有四声变化（有的方言声调变化更多），因此语句念出来自带旋律感。我们可以适当夸张这四声变化，让我们的语调更丰富。另外，如果能够根据内容的情绪变化来改变音调、语速，让语言表现更加丰富，那么节日就能达到非常好的效果，并抓住听众的耳朵。

重音的处理，还有可能影响听众对内容的理解。我们看以下这句话，用重读的方式来读加着重号的部分，看看会有怎样的效果：

我们不应该说朋友的坏话。

我们不应该说朋友的坏话。

我们不应该说朋友的坏话。

我们不应该说朋友的坏话。

我们不应该说朋友的坏话。

我们不应该说朋友的坏话。

依次按照提示，读完句子中标出来要重读的部分，相信你已经找到一些关于语调重读的感觉了。

### （3）调整语速

很多人平时习惯像机关枪一样讲话，但在录制节目时，我们要刻意注意在自然的前提下把语速稍微放慢一点。

我们在谈话、朗读时，都需要语速变化，不能从头到尾用同样的速度把话说完。无论语速是快是慢，当中都要有停顿，而且不能只在有逗号和句号的地方停顿。句子重点词之前、主语谓语之间、谓语宾语之间等地方，也要增加一些停顿。

尝试读一下下面这首诗，看看有什么感觉：

不要停顿，一口气读完！

（提示：先深吸一口气，然后再开始读。）

有一件事你一定要记住

那就是如果要读一首

没有逗号没有句号没有任何标点

没有韵律没有节奏

而且还老没完没了的诗歌

就像汽车下坡轮子越滚越快你也

越来越疲倦一定

要记得喘口气因为

像这样的诗歌一般

都会逗你无休无止地说下去但是你

真的必须记住喘口气否则肯定会玩儿完！

　　读这首诗的时候，你一定能感觉到一段话中有停顿是多重要的一件事。一方面是自己讲时能喘口气，读起来舒服；另一方面，大家也能跟上你讲话的节奏，不会像屏着一口气坐过山车一样，不知道什么时候才会停下来。当然，停顿也需要停在合理的地方，才能让节奏清晰、重点突出，把意思传达到位。

### （4）控制气息

　　很多人都觉得气息很玄妙，但它其实并没有那么难把握，平时我们如果能养成用比较深的位置（胸腹之间或肋下）呼吸的习惯，声音就会好一些。怎么去感觉"深呼吸"呢？我们可以平躺在床上，在腹部的位置放一本比较重的书，用鼻子去吸气，尝试用肚子把书顶起来，这就是"深呼吸"。在日常生活中，我们要去练习这种呼吸方式，比如在说话之前，有意识地往肚子里吸气。

　　如果想要比较柔和的声音效果，说话的时候可以多混一些气，多带些叹气的感觉；如果想要比较高亢的，可以少混一些气，让声音更加实在。

### （5）共鸣技巧

我们平时说话也会有共鸣出现，但那通常属于下意识共鸣。只有有意识地运用共鸣，声音才会有适宜的响度和亮度，而且这样说话即使时间较长，也不会觉得吃力。说话的共鸣与歌唱、播音、朗诵的共鸣不同，主要是口腔共鸣——指的是软腭以下，胸腔以上的可共鸣体——属中频泛音区共鸣。要达到比较好的共鸣效果，可以注意以下几点：

1）口张开一些。口的开合直接关系着声音的质量。口张不开，发声部位挤在口腔的前部或前鼻音区，共鸣区就会相对缩小，声音就会阻滞，听起来尖细而单薄，同时气息会大量涌入鼻腔，形成很重的鼻音。

2）喉松弛一些。这里的"松"是指适度放松。有些人喜欢昂着头或低着头说话，这就影响了咽腔发声的共鸣。头昂着，喉部过于松弛，声音就偏窄；头低着，喉管僵直，失去了弹性，气息流动不顺畅，就只能听到挤出的喉音了。

3）鼻腔通畅些。有的人说话时鼻音很重，这是习惯性地提升软腭，阻挡了喉腔与鼻腔的通道造成的。纠正时除了说话时将口张开一些，还要特别留意包含"m""n""ng"这几个音节的字，说这些字时，需要软腭下垂，舌根放松，让气流从鼻腔而不是口腔流出。

高位置的共鸣也很重要。高位置的共鸣，其实就是我们平时说的鼻腔共鸣或面罩共鸣。要达到这种共鸣，要练习"闻花香"的呼吸方式——鼻子慢慢吸气，在慢慢吸气的过程中眉毛打开并往上提。在发声时带上这种共鸣，就会让音色更加明亮干净。

如果我们希望声音有厚度，可以想办法增加胸腔共鸣。增加胸腔共鸣比较简单的方法就是"学牛叫"。因为发出"哞"声时，我们很容易带上胸腔共鸣，找到这种讲话时身上带着震动的感觉，就有了胸腔共鸣。

### 2. 文本脚手架

除了少数有天赋的人或者经过严格训练的人，大多数人都很难做到出口成章，但大多数人都希望自己开口后能给人留下好印象。在播客节目中更是如此，我们不希望听众听到自己讲话是磕磕绊绊、语序混乱、用词不当的。

在这种情况下，我们可以为自己搭建一个"文本脚手架"，在录制前，先理清思路和关键的信息，组织好语言，再基于实际遇到的问题调整思路和备注信息。到实际录制时，即可基于"脚手架"，自信地表达。

一般来说，文本脚手架有两种类型：一种是逐字稿；另一种是大纲。

### （1）逐字稿

逐字稿是用文字呈现的录制内容，录制时只要按照稿件讲出来即可。逐字稿类似演员手中的台词本，演员根据台词进行角色扮演，并展现相应的故事情节，表达人物的丰富情感。逐字稿可以朗读，但大多数情况下，需要我们调整成更自然的语言。

逐字稿一般适合情感、知识等类型的节目，音频平台上有很多基于逐字稿来完成录制的播客节目，例如，《白水讲音乐剧》就是写好逐字稿之后讲出来的。本书的第七章会分享白水的稿件，带大家了解逐字稿该如何写。

### （2）大纲

大纲只有内容要点，具体内容需要由主播在现场录制时直接讲述。其中，大纲分为谈话类大纲（便于对谈双方提前准备要讨论的话题）和单口大纲（便于主播提醒自己要讲述的线索和重点）。

大部分节目都可以用大纲做脚手架。我们未必能掌握专业主持人和记者的访谈技巧，但可以用大纲，让自己成为一个看上去还比较专业的主持人。

完成以下任务后，我们差不多就走出播客新手村了。

1）确保节目的完整性，如不要忘记介绍嘉宾，让听众了解在聊的人是哪些人。

2）把握整个节目的关键环节，保证整体节奏是合理的，避免开头聊半小时还不切入主题的情况发生。

3）把握主题的关键问题，围绕关键问题，把话题聊透，聊出价值。一般来说，关键问题会是"是什么、为什么、我们怎么应对"，或者"事情是啥、咋发生的、如何解读"等。

4）关键信息需要设置脚手架，例如事件的时间，地点，人物，或者话题中涉及的人物，作品，背景信息等。这些关键的信息最好提前准备好，避免口头表达时出现错误，造成误会。

### 3. 云剪辑：给表达加滤镜

我们听节目，觉得别人的讲述很流畅，但到了自己表达时，就变得磕磕绊绊的。经过长时间的练习，我们可以培养出这样的能力，但更重要的是，要善于通过剪辑，过滤掉那些粗糙的表达，留下来精彩的讲述。剪辑后的内容，可以立刻感受到"滤镜"效果。

即使播客是门槛很低、容易启动并进入心流的创作形式，它依然不像文字博客和视频播客那么普及，主要原因可能是音频剪辑让人畏惧。

文本和视频剪辑，无论是电脑上还是手机上都有很多好用的、容易上手的工具。

但大多数音频剪辑不是可视化操作，操作界面只能看到声音波纹，不像文字或者视频那么直观好处理，只能边听边剪，增加了学习难度和工作时长，这会让新手退缩不前。如果是在手机上剪一段音频，操作者要一边思考声音所对应的音轨位置，一边拖动音轨进行剪辑操作，这个处理过程不够流畅。

AU（Adobe Audition）是最常见的、功能最强大的音频处理软件之一，它是专业软件，有很多基于专业需求开发的功能。对大多数人来说，这些功能离日常生活遥远，学习门槛很高，且操作界面难以理解，让人心生畏惧，难以在日常中使用。

而且这种功能比较完善的音频处理软件，往往对设备配置的要求比较高，配置太低时软件可能会运行得不流畅，甚至会存在文件没有保存而丢失的风险，给工作带来极大的难度，非常打击人。

### （1）对新手更友好的剪辑工具

除了传统的音频剪辑软件AU，一些平台已经在借助技术的手段，让剪辑对播客创作者更友好。比如喜马拉雅的云剪辑，这是我很推荐新手主播使用的剪辑软件，一些喜欢播客的新手朋友使用后评价都非常好：

云剪辑真的好用哭了，基本功能全满足我了。之前我卡在工具上剪不出来，都要自我放弃了，云剪辑解救了我。我现在正在把买的 *MacOS* 工具一个一个退款。

　　　　　　　　　　　　　　　　　　　——六一

云剪辑真实地解救了我。

　　　　　　　　　　　　　　　　　　　——琥珀

挺好用的，适合我这种小白，用了一次就被圈粉了。

　　　　　　　　　　　　　　　　　　　——火火姐

云剪辑有2个核心亮点：第一个亮点是它不需要下载，可在线剪辑，实时保存剪辑操作，项目文件不会丢失。更重要的是第二个亮点，ASR技术可以将语音转成文字，让听的内容可以被看到（见图6-9）。云剪辑把这种技术应用到剪辑场景，很大程度上降低了剪辑的难度，将剪辑工作时间缩短了1/3以上。

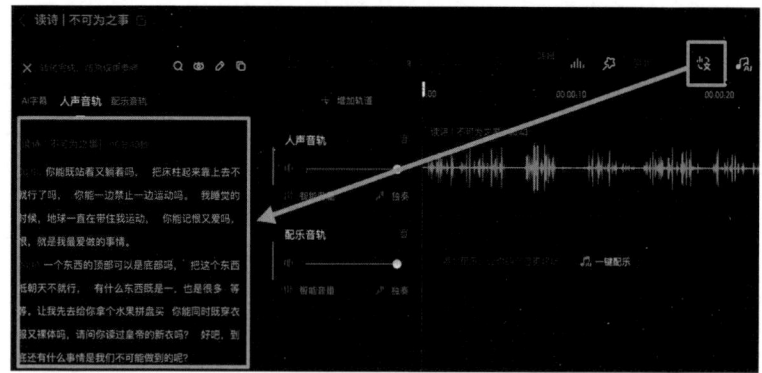

图6-9　ASR语音转文字功能，将音频内容转成文字内容

这个技术，在实际操作中有几个好处：

1）通过文本搜索功能，可以快速定位内容。我们在录制时会大概记得什么时候讲了什么，有哪些是需要删除或提炼出来的内容。如果基于音频波形去找，只能模糊定位，一遍一遍反复听，时间成本很高，找的过程也很痛苦。但通过云剪辑的文本搜索功能，可以快速定位到相应的内容，高效处理这段音频内容（见图6-10）。

2）可以看到全局和全貌，便于构思剪辑的思路。如哪些需要删掉，哪些可以作为高光提炼出来，哪些素材可以做一些调整。要记住一整段话的内容是很难的，更何况是动不动就是几个小时的音频素材。这种操作方式减少了我们的记忆负担，剩下的剪辑工作就很容易进入二次创作的心流时间。

3）可以通过剪辑文字来剪辑音频。在文本中定位到相应的文字，删除文字的同时，对应的音频也会被删除。如果这个功能做得更强大，操作更流畅，在更大程度上降低使用难度，播客有机会成为创作者的首选创作方式——在输入端，我们通过语音灵活地记录灵感，搜集素材；在输出端，我们对灵感和素材进行二次加工，将语音转成文字，或者将音频编辑成播客内容，再转化成热门图书、重磅课程或人气故事。

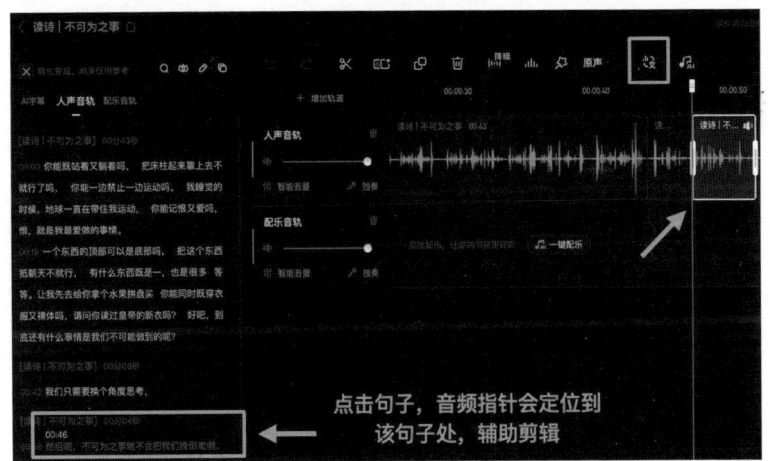

图6-10　云剪辑ASR语音转文字，文字定位到音频

**（2）云剪辑功能介绍**

打开喜马拉雅网页端，首页有两个云剪辑入口：第一个是顶栏"上传"按钮，第二个是底栏"云剪辑在线音频剪辑神器"，如图6-11所示，点击可以进入云剪辑的工作界面。

点击创建项目，就进入了云剪辑的主要工作区域。它的操作界面和操作流程与大部分音频编辑软件一样。添加音频文件，拖到右面的音轨区域，就可以开始加工处理了，如图6-12所示。

图6-11　云剪辑入口

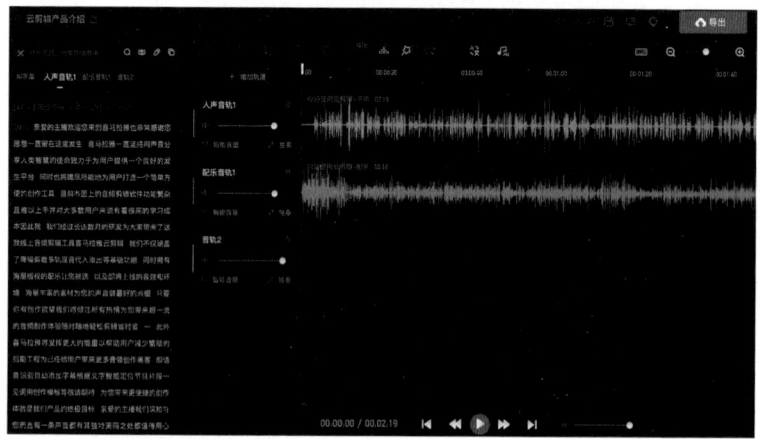

图6-12　云剪辑工作界面

音频编辑的对象是声音，声音可视化后就会在音轨里呈现出一条声波。多条声音可以在同一界面的不同音轨中同时展现。

在制作过程中，我们不仅可以对一条声波进行单独编辑，还可以对多条声波进行混合制作。波形编辑，就是每个音频文件单独的化妆间。而多轨编辑，则是音频文件们的候场区，所有的准备都是为了混音，来完成这场最后的演出。

云剪辑可以非常简便并高质量地完成声音降噪、剪切、删除、粘贴、淡入淡出等剪辑的高频需求。

它的大部分功能使用起来都很简单，基本上拖进去一条声音，尝试一下就明白如何使用了。如果有不明白的地方，也可以看官方文档或在网上搜集相关的视频教程。这里就不一一描述这些功能具体如何操作了。

**（3）剪辑流程**

跟大家分享一下我最常用的剪辑流程。

1）把录好的音频导入到云剪辑，拖到音轨区，然后语音转文字。

2）梳理内容，确定剪辑的思路。

梳理内容的方法有两种。

第一种是把整段文字复制到文档中并标注。标注主要分为三种：1）需要删除的；2）高光部分，打动人的内容或金句。我会把这些提炼出来放到片头；3）整体的结构，讲了几个部分，每个部分篇幅大概多长，内容是知识点还是故事，后面可以怎么调整比例。

第二种是在云剪辑的界面看到内容进入下一个板块时，在对应的音频上直接剪一刀。这样连续的文字就会自动换行，还可以在音频上备注这一小段声音的小节名称，如图6-13所示。

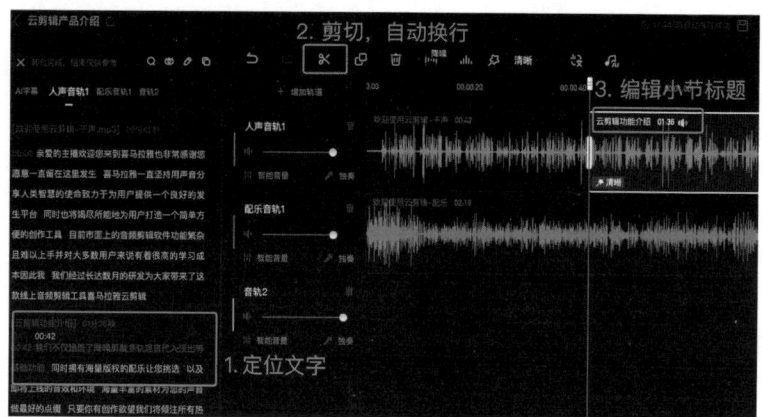

图6-13　音频分小节处理

3）动手剪辑。在干音剪辑那一节，我们提到长时间静音，无效信息和错误信息这些是要剪的。如何快速找到这些声音在哪里呢？

首先可以看特殊波形。静音时，声波会接近直线，因此那种比较长的直线一般都可以删除；有些异常响动会出现很高的波峰，定位过去，也可以直接删掉；"嗯""啊"这种词，在波形中经常会呈现一个小三角（见图6-14），剪辑经验丰富就可以灵活处理这些语气词。

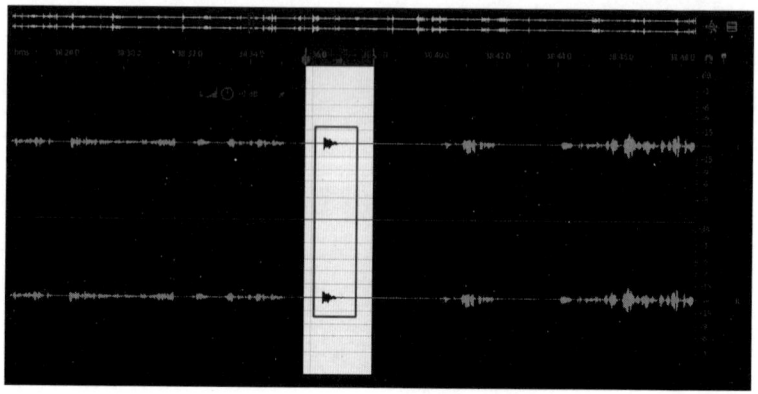

图6-14　通过波形识别常用语气词

其次，可以通过文本去定位无效信息和错误信息。拖动文稿，依次往下找，看到不合适的就可以顺手剪掉。如果记得相关内容，或者在导出的文稿上做了标注，就可以充分利用搜索功能，定位文本中的标注并做相应的处理（见图6-15）。

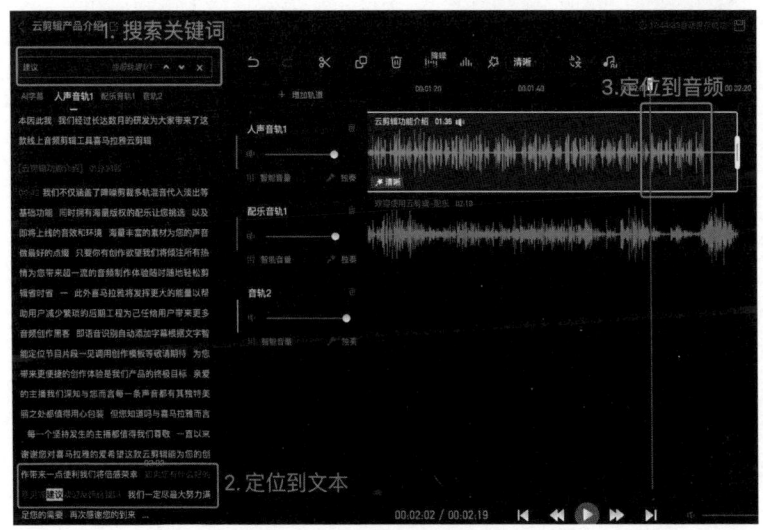

图6-15　通过搜索定位内容

空白也可以用类似方式删除，搜索并定位到空白的地方，就可以把空白内容删掉，如图6-16所示。

为了保证上下文的连贯，删除后可以再试听下过渡部分。有时剪辑后会比较生硬，比如气口太短，或者上下文意思不完整，这些都是需要注意的。

以上几个步骤完成后，基本上就有一条比较好的干音内容了。

云剪辑也有配乐功能，提供配乐库和智能配音给大家使用。有

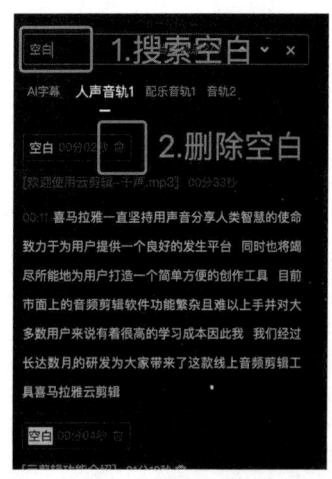

图6-16    搜索空白

兴趣可以尝试，为自己的播客节目增加有氛围，有调性的音乐。合适的配乐，可以让听者产生很强的代入感。但点睛之笔宜少而精，从头至尾都有音乐相伴就容易让人感到疲劳。

另外，有一个经验性的小建议，干音剪辑处理和后期效果叠加，可以分成两个项目进行。也就是说，剪完干音确定没有问题，可以先导出完整的音频。再新建一个项目，导入剪辑过的干音，再叠加音乐和音效。这样能有效避免操作出错。

以上是对云剪辑的介绍。和更专业的软件相比，它的最大价值是解决了剪辑过程中时间成本高的问题，让新手不需要花太多时间去学习和制作，这样就可以先开始再迭代，先完成再完美。很多有潜力的创作者不够自信，以为每个完美的作品生来完美，自己却达不到。不是每个创作者都能时时刻刻追求完美，相较于完美而言，我们更鼓励的是坚持，创作是轻松的，没有那么难，坚持下去，总会越来越完美。

播客是有趣的，如果因为工具望而却步或早早放弃未免太可惜。云剪辑这样的工具正是支持我们勇敢开启创作道路的良伴。它也在不断迭代，与我们的创作能力一起进步。

总结一下本章内容：

如何迅速获取听众注意力？要有意识地切换到用户视角，提炼内容对用户的价值，降低用户的理解成本，让节目更容易被用户接受。可以做多一些"表面功夫"，比如完善播客的包装，包括封面，标题等，提升各方面数据转化效果。

如何让听众为我们驻足？在表达上，调整日常生活中的发声方式，借助"文本脚手架"，用逐字稿或者大纲，帮助我们表达得更清晰、更自信，轻松提升自己的声音表现力。用简单好操作的剪辑工具，给自己的语言表达加滤镜。

**实践小行动**

1　找到与你风格最相近的3档播客节目，分析节目中可以学习的地方。

2　检查自己的节目，找出明显可以做出调整的地方。具体评估要素包括：音质与包装、嘉宾介绍、对谈状态、Shownotes、节目特色、留言互动等。

3　打开云剪辑，花15分钟尝试云剪辑的主要功能，熟悉音频剪辑的流程。

4　选择你觉得录制最好的节目，剪成一条成品节目。以提升收听流畅度为首要目标，减掉节目中不影响完整度的内容。

5　用云剪辑做节目片花。挑选节目中最精彩的3句话，每句15秒左右，作为片花放到开头，为片头配上调性合适的垫乐。

# 07

CHAPTER 7

## 典型播客类型

了解完播客的样貌后，符合你创作想法的节目雏形大概就已经出现在你心中了。接下来该如何入手、打磨、精进呢？该选哪种类型，选什么题目呢？每种类型该如何做呢？我的建议是：先选题，再入手，再精进。

这一章我们会介绍常见的选题，拆解常见播客类型的创作方法、创作流程，和每种类型、各个环节所需要发挥的创作力。看完，你可能就理解自己该如何像一个专业播客主一样做节目了。

## 7.1　节目类型选择

第3章我提到过播客的各种类型。我们可以思考"具体什么适合我、我应该做什么类型内容、我该如何下手"这几个问题，筛出适合的切入点。

1）有几个主创人员？按人数分，播客分为单口、对谈、圆桌等。

2）我偏好的播客形式是怎样的，是即兴还是充分准备？如果喜欢即兴，可以做直播；如果习惯通过前期准备和后期加工来保证节目质量，可以选择录播。

3）我喜欢的内容调性是怎样的，是严肃的还是偏娱乐的？如果是严肃的，可以选择严肃的话题和形式；如果是轻松娱乐的，可以用偏综艺的形式。

下面将常见的内容类型按照大家的专业度和目标两个维度分成了4个区间（如图7-1）。例如，我是业余的，但想做比较有深度的内容，可以考虑从相对比较容易启动的读书会开始；而如果我是专业内容创作者，想做更有影响力的节目，可以考虑大咖访谈，或者形式更有创意、内容元素更丰富的音频综艺。

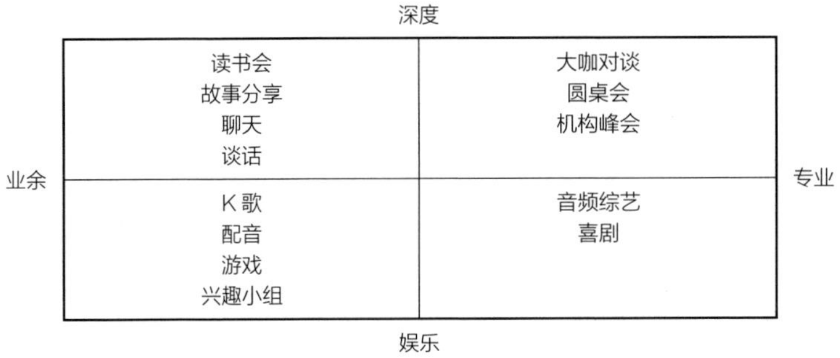

图 7-1　基于专业度和目标的播客分类

## 7.2　节目选题

很多新手播客会问，我该聊什么呢？我每期节目的选题应该做什么呢？

在这个问题上，我会分两个方面来讨论——面向公共领域的播客和面向个人领域的播客。

面向公众领域的播客，它的选题是被关注的，可能是被大众关注的，如财经、娱乐、健康、时尚等生活话题；也可能是被某个群体关注的，如诗歌、外国文学或某种兴趣爱好。公众领域的选题，一般会增加播客在某个特定人群中的传播力和影响力。如何做更好的选题，如何达到更好的效果，在各个专业、职业领域有了非常多的讨论，本书不详细展开，只针对非专业的个人创作者提供一些容易获得的选题思路。

我个人更关注的是面向个人领域的播客，它的选题不一定是公众关注的，但是对你个人及生活圈里的家人、朋友是极其有意义的。这也是我建议大多数人都应该尝试的选题方向。我们不一定会出版书籍，但是我们可以通过写日记来记录自己的故事，通过给家人写信来表达自己的感情；我们不一定是职业摄影师，但是我们一定有过很有仪式感的家庭照片，如新婚照，亲子照等。个人领域的播客也是类似的，它可以承载我们人生中值得记录的故事。

### 1. 公共领域选题

公共领域的选题可以从哪里来呢？即使没有职业或专业领域的选题获取渠道，依然有一些公开的内容，适合作为我们的选题。在日常生活中留心观察，把灵感及时加入备忘录，就可以慢慢积累起选题库。这些选题包括但不限于社交网络的热点话题、图书电影和音乐、所在领域的动态、能接触到的嘉宾们等。

### （1）社交网络的热点话题

我们日常生活中有很多流行话题，这些话题会在社交媒体传播发酵，流传于日常生活中。它们像是在人和人之间流通的软性货币，我们通过这种不涉及利益的公共话题，在合适的距离下交换信息，维护关系和感情。

在这些话题中，通常有很多话题有打动人的故事，能激发我们的表达欲，让我们联想到与之相关的事并想对这种话题做出回应，这种公共热点话题，就可以成为我们的选题。热点话题本身带有一些热度，在传播过程中有流量优势。同一时间段内，选题有热度的节目往往会被更多听众关注和收听，也能在各个平台获得更多曝光。

从社交网络热点话题中挑选选题时，需要注意不要以"追热点"为目的。在热点发生的地方，会有很多人聊相关的事情，我们没有相关的知识积累或一手的信息来源，无法给热点话题带来信息增量，内容就有可能被信息洪流淹没。我们要做的是把热点话题与自己擅长的专业领域结合，输出个人观点或邀请相关的嘉宾，这样围绕热点做的选题就很有意义。

热点话题往往也有很多，热度高低不是选题的首要标准，能引发共鸣，让我们有信心去表达的才是优先级最高的选题。

### （2）图书、电影和音乐

已有的作品——如有大众基础的图书、电影和音乐——是一个非常大的选题库，这些领域的选题非常丰富。

做这些领域的内容也很有意义，那些带给我们启发的内容，我们在表达之后会感受更深刻。同时，在这个过程中，我们能找到同好，能发现有很多人跟自己有类似的感受，也能吸收很多跟我们不一样的观点。如果能持续深耕一个领域的图书、电影和音乐类选题，我们的品位和影响力也会渐渐提升。

很多人会直接去朗读自己喜欢的书。和读书相比，我更推荐讲书、推荐书（有些读书会会称其为"拆书"）。推荐讲书，是因为讲书能推动自己去主动提炼图书的内容精华，让自己充分吸收营养。电影也是如此，很多电影爱好者、影评人把这个过程称为"拉片"。

下面是一个基本的书籍分享框架，从中可以了解到，如何在一档节目里把一本喜欢的书的精华提取出来。

- » 这本书的基本介绍：（书名、作者）

    ♀ 作者、背景、年代……

- » 核心内容是什么？有什么启发性观点？

    ♀ 用来辅助说明核心内容的资料：

    ◇ 论据和案例——源头是哪里？提出术语的人是谁？

    ◇ 人物——他为什么"厉害"、有哪些作品、生平经历是什么？

- » 金句：有没有写得非常震撼的语句？

- » 行动：够指导我们的行动是怎样的？

- » 拓展话题：其他阅读感想

同样适用于此框架的还有剧、展、文化活动等的分享，不过相对来说，这些话题的受众范围相对会比书籍窄一些。

### （3）藏龙卧虎的朋友圈

所有好的内容都来源于人。如果能联系到有背景、有见识、有故事、有谈吐的宝藏嘉宾，那么只要提出好的问题，他们就可以聊出精彩纷呈的观点和故事。所以积累自己的嘉宾池，也是做出好选题的秘密武器。

新手经常被一些问题困扰——邀请谁当嘉宾？如何让嘉宾接受我的邀请？

如果刚刚起步，建议可以从认识并信任的朋友中，挑一个相对外向、友善，有表达经验的嘉宾人选。这样我们不用担心他可能会羞于表达，作为主持人的压力也会小很多。如果他是一个外向的人，非常适应并喜欢这样的对话场，那他的能量可能也会感染并带动我们，带给我们能做好这件事的信心。

如果想邀请一些德高望重的嘉宾但不知道如何开口，甚至没有对方的联系方式，这时也不用没有信心。那些让人尊敬的人，往往也非常愿意进行有质量的、严肃真诚的谈话。重要的是要提前做好功课，找到他们感兴趣的话题。

我做的《月球沙发客》是心理类节目，一开始我就想邀请有心理咨询师背景的主播史秀雄来当嘉宾，但那时他的节目已经上榜过苹果最佳播客榜单。我是如何邀约的呢？我看过他写的一本畅销书《假性亲密关系》，了解到他非常愿意推广亲密关系这个领域的心理知识和分享自己的观点、想法，所以我就拿这个选题去邀约，很快他就答应了。整个录制过程也很顺利，没有做特别多的前期准备，他是一个非常优秀的表达者，可以基于一个话题，做真诚、有感染力的分享。

更多时候，我们想要邀请的人对播客这个事情还没有完全理解和接受。所以，提前去了解对方的动态，找到对方比较舒服的状态，也是保证对方接受邀请，并顺利完成录制的一个很重要的因素。

《时而散步》的主播六一说过，她在做播客的这个过程中，尤其是前十几期，一直在不断地帮嘉宾找到舒服的状态。她感觉做这个事情可以治愈自己，但不确定嘉宾是否也有收获。所以她一直在思考，自己的播客节目或是这个媒介形式能够给合作的嘉宾带来哪些好处？嘉宾参与节目是否真的不是为了面子人情，而是觉得对自己有意义，对这个过程中的体验抱有期待？

六一曾经面对面采访过唱作人高雪莹，在采访过程中，她关注到了嘉宾的生活状态，感受到了她想表达的情绪，于是邀请雪莹用这种对话的方式录制播客节目，雪莹觉得可以尝试，就有了这期节目。

在正式录制之前，六一也做了大量的工作，比如听嘉宾的歌，看她的文字，思考在她的文字或创作作品里看到了什么，思考通过对话能给嘉宾带来什么……这些本身就能让嘉宾感受到自己被看到了。

节目录制半年后，雪莹找六一说，觉得上次跟她聊得很好，想要邀请六一陪她一起做一期跟自己妈妈的对话节目。六一觉得这是嘉宾对自己的认可。

### （4）平台策划的活动

想要从事专业的内容创作，建议在选题上，可以和一些内容平台的策略契合，这会有助于内容被更多人看到。

职业创作者和平台是合作关系，在某些阶段，平台会集中资源在一些内容方向上形成势能和影响力。对平台的方向和反馈保持关注，有助于选题获得好的曝光资源。比如当下的播客平台，商业、科技、影视、文化、出版、女性、生活、情感、喜剧等领域的内容会比较受追捧，平台也会倾向于推荐这些有热度、大众化、年轻化的选题方向。

例如，喜马拉雅创作中心内有一个版块叫"创作灵感"（见图7-2），它会搜罗网上的热点，并提炼出合适的话题，附上相关的热度，提供给创作者投稿。在这个渠道下发布节目，有基于话题提升节目曝光的机会。

图7-2　喜马拉雅创作中心的热门创作灵感

## 2. 个人领域选题

在我们的人生中会有很多值得纪念的故事、重要的人和让人回味无穷的重要时刻，我们一般会用照片和视频记录。其实播客也是非常好的记录方式，它不仅可以留住那些感动的时刻，还可以让感情在表达中流淌。

### （1）生命重要故事

在发展心理学领域，埃里克森"人生发展八阶段"理论影响非常深远。该理论认为，人自我意识的发展会持续一生，而整个自我意识的发展又可以分为八个阶段，每个阶段都有关键的命题，如果顺利度过，就得到了充分的发展，人的生活就会有好的状态，而如果没有顺利发展，就会给人的终身发展造成障碍。通过回顾自己的人生，我们可以看到我们在面对那些关键命题时的选择和结果，也可以告诉自己，我们是如何成为现在的样子的、未来又可能是怎样的。

发展心理学家李维逊研究中年人的生活，发现人有形形色色的困惑，而所有的困惑无外乎四个大类：寻找人生价值，确定自己会成为什么样的人；找到和自己同行的良师益友；明确自己的终身志业；寻求爱情、友情、亲情等的归宿。

我们的人生，我们的家庭，在时间的尺度里，都会经历这些困惑，我们可以经常回顾和思考，并用播客来记录下过程。

例如：

» 用编年史的方式记录，家庭传统是如何建立起来的？

» 我在家庭中早期的回忆是怎样的？

» 儿童和青春期成长的经历中，影响我的关键事件是怎样的？

» 和我一起成长的兄弟姐妹，我们有怎样的回忆，有哪些问题从未问过彼此？

» 当我已经成年，回望早期的自己，那些对我来说关键的决定和事件是什么？

» 和伴侣一起回忆，那些"第一次"是如何开始的，又是什么关键线索让我们认定彼此？

» 在我的家庭中，那些成功的、值得庆祝的时刻是什么？

» 我在职业发展过程中，改变、适应和成功的时刻分别是什么？

» 如果我亲历历史，我看到了怎样的历史变化，而它又如何影响了我？

### （2）纪念重要的人

生活中，一定也有对我们影响至深的重要的人。在成长过程中，我们能看到他们在身上留下的印记。他们可以是：

» 妈妈，她一直在身边。如果聊聊自己的妈妈，会回忆起很多重要的故事。

» 朋友，为什么他们是最好的？不妨和好朋友一起聊聊，甚至
可以喝点小酒，喝到微醺。

» 一段可能跨越了几十年时间的友谊。这么长的岁月里，它的
存在，一定有特别的意义，可以解读它意味着什么。

» 孩子，在成长过程中，孩子会和我们有许多值得纪念的互
动。不妨记录下这些过程以及在这种互动中的感受。

» 我们的大学死党，聊聊成长的青葱岁月里，发生过什么有意
思的事情，以及让我们有"过命"交情的原因。

### （3）生活重要时刻

往日时光如河水匆匆流逝，每一天都有很多小事推动我们匆匆往
前。总有一些时刻，它们保存在记忆里，以后找到这些记忆时，我们
也希望它们不会褪色。这些记忆是：

» 和特别的人度过的重要时刻。那种氛围和气场，让时空充满
魔力。

» 很多"第一次"的场景。它是怎么发生的，那一刻它带我们
去到了哪里。

» 孩子纯真年代的可爱想法和表达。孩子很快就会长大，如果
不及时记录，这些美好将转瞬即逝。

### （4）日常生活记录

信息时代，我们总是忙忙碌碌，被各种信息和情绪的潮流裹挟着
往前走。我们每天也都会吸收非常多的信息，可以通过这种日常记录

来复盘自己的生活。像整理物件一样，整理自己的大脑和情绪，通过"吾日三省吾身"来掌握生活的秩序感，活出自主感。

也可以用一个日省的模板，整理自己一天的信息输入和输出、个人情绪和个人状态。以下是一些日省问题：

> 今天输入了什么信息？是否有价值，价值高低？

> 看到什么样的素材是比较有价值的，是怎样的价值？

> 今天输出了什么，有什么新的观点，看到了什么特别的事情？

> 每天发生的三件好事。

我们常常会思考"我是谁"这一哲学问题，试图了解自我。相信通过个人播客，我们会在有深度的人生故事里，找到答案。

## 7.3　对谈类播客节目的创作流程

对谈类播客适用于大多数人。每个人日常生活中都会有谈话的场景，每个人对谈话这件事情都不陌生。很多主播的第一档播客节目，就是从对谈开始的。

### 1. 对谈播客的创作步骤

对谈类播客的制作可以分为以下5个步骤：1）内容策划和选题；2）和嘉宾沟通；3）打磨大纲；4）录制节目；5）发布节目。

下面详细介绍下如何完成以下5个步骤：

### （1）内容策划和选题

制作对谈播客第一步是做内容策划，也就是确定这档播客节目的定位是什么，目标受众人群是什么，大致内容围绕什么展开，后续更新频率是怎样的，这档播客节目的团队和主播阵容是怎样的。这些确定之后，再进行专辑名称、封面、简介文案的制定。

有了整体的内容策划，接下来就是考虑每一期节目可以做什么。常规谈话节目，可以请嘉宾，如果没有嘉宾，或者出现特殊情况，也可以考虑单口录制。

内容策划阶段的选题是有方向性的，在实际准备大纲时，可以再根据当下的情况调整，这一阶段会先思考有哪些热点话题，目标的嘉宾是谁，他们擅长讲的话题是什么等问题。

初定选题之后，就要思考讲述的角度。一个话题可以从不同角度切入，也可以有多种解读。得出的结论，也会对听众有不同的影响。话题角度是否具备多样性、差异性，也是一档节目能否吸引人很重要的因素。

### （2）和嘉宾沟通

初拟好选题和嘉宾意向，我们需要安排时间和嘉宾预先沟通。预沟通有3个目的：

1）和嘉宾建立融洽的关系，破冰。不是每个嘉宾和我们都很熟，要提前熟悉彼此的脾性。前期沟通时，可以先对嘉宾的聊天风格、兴趣、参与节目的配合度有大致了解。

2）内容范围确认。要提前定好需要聊哪些方向、聊哪些细节，明确节目大纲和谈话顺序。对嘉宾来说，有些内容可能是不希望对外公开的，所以话题的隐私范围也要提前确认，以免后面聊完，发现不适宜发布。

内容方面的预沟通需要到什么程度呢？如果沟通太少，录制时就可能要临时讨论，影响录制效率；如果言谈过欢，把想聊的都聊完了，到录制时几乎等于再谈一次，双方对于要说的观点已经烂熟于心，也就少了现场聊天的状态。预沟通的目的就是点到为止，知道到现场要聊什么，聊哪个角度和聊到什么深度就可以了。

3）录制过程中注意事项的提醒。大部分嘉宾是没有节目录制经验的，对录制节目没有概念。为了录制顺利，也为了让嘉宾有好的节目录制体验，需要提前与嘉宾沟通两个方面的内容。

一方面是录制的注意事项。如果是远程录制，需要提前明确嘉宾要配合的事项。

另一方面是主持人和嘉宾的分工以及如何配合。嘉宾是输出主力，但在输出时，需要有一定的节奏，让听众的思维可以跟上当下所讨论的内容。这个节奏可以由主持人引导，那在表达时，就需要嘉宾留空隙给主持人提问或反馈。主持人会站在听众的视角，基于讲稿或者临时发挥向嘉宾提问，问题可以是补充性的，也可以是为了增加节目的效果，提出的反方向视角的问题。

（3）打磨大纲

确认好选题、嘉宾的意向，与嘉宾做好预沟通，我们就可以开始准备大纲了。

大纲是录制节目的脚本，也可以是"脚手架"。一般来说，大纲包括两个部分：

1）开场部分。需要有嘉宾介绍和本期主题介绍。如果是素人嘉宾，那么介绍时可以强调嘉宾的背景，让大家对嘉宾在这个话题上的实力有认可和期待，比如专业领域的人讲专业领域的话题，事件当事人或亲历者讲述一个热点故事等；如果嘉宾是名人，还可以考虑围绕嘉宾的近况、嘉宾自己的生活聊些周边消息，增加内容的娱乐性。

2）主题部分。要把当期主题展开，一般会按"三段论"来写，即"这个主题是什么，我们展开这个主题是为什么、会有什么影响、相关的案例是什么，我们对这个事情的态度或我们如何应对。"

大纲的详细程度，是影响节目效果的重要因素。最详细的大纲叫"逐字稿"或"脚本"，会安排好现场需要表达的所有内容。而比较简略的就是关键词大纲，可能只有一些关键词或者几个主要问题。

逐字稿的好处是让现场的表达可以很流畅，但是效果可能会比较生硬。而关键词大纲的好处是状态自然，但前期语言组织不够细致，所以可能不流畅。从节目的效果看，读稿最大的问题是在读的过程中容易忽略对象的存在。但如果有口语改编能力，知道书面语言和口语在听众接受度上的差异，做出相应的调整也是可以的。

一般来说，如果是自己不熟悉的内容或比较专业的内容，可以把文字组织工作先准备好，现场输出时就会更流畅。如果是自己熟悉的或生活化的内容，那前期只要给自己准备一个大纲，现场可以直接讲，这样前期准备工作的负担会小一点，录制也更自然。

**（4）录制节目**

接下来就是录制节目的环节了。

录制播客节目有两种状态。一种注重于自我表达，自己讲得爽、讲得嗨最重要，有没有人听、听众爱不爱听是其次；另一种是希望有更多听众想听、爱听，那在自我表达时就要做一些调整，要做到"心中有对象，表达有对象感"，让节目有更好的效果。

也就是说，虽然录制现场没有听众，但也要考虑到听众的存在。听众可能不认识嘉宾，所以一定要向他们介绍嘉宾。另外，当我们和嘉宾玩"梗"时，如果这些"梗"在节目中没有出现过，就需要和听众解释。提问时，也要想到听众可能会提的问题，用他们关心的方式问。

还要注意的是，提问时，铺垫要尽可能短，直接切入问题。提问的目的除了探讨问题本身，更重要的是帮助听众跟上节奏。

### （5）发布节目

节目录制完成，需要的素材就准备好了，接下来就是处理素材，做成成品。首先会对内容进行剪辑，把明显的停顿、静默，还有录制过程中不合适的进程剪掉；然后是基于呈现需要的效果对内容的逻辑做拼接；最后是精剪，把多余的话，还有重复的话剪掉，保证最后内容的流畅和完整性。

完成成品后，就可以完善这期节目的信息了，如填写节目简介、找相关的配图等。最后一步是给节目定标题，标题是最重要的，可以考虑多写几个，收集反馈，看哪个标题更有可能吸引听众收听。

上线前，可以先把音频发给嘉宾检查一下。有些内容嘉宾可能会感觉不合适，就需要基于嘉宾的反馈做最后的调整。如果获得嘉宾的认可，就可以把节目发布上线了。

### 2. 案例：《月球沙发客》

我自己做的一个播客节目叫《月球沙发客》，内容定位是采访心理学的专业人士，通过他们的专业知识和经验故事，给听众带来帮助。我们不只讲知识，我们还说故事；不只讲冰冷的理论，还讲生动的案例。我们当时给自己的定位是"心理学界的《今日说法》"。

这档节目的受众定位比较广泛，主要是面向对精神健康有比较明确诉求的中年女性群体及青春期少年群体。从这个定位出发，我们的专辑简介就出来了：

这是一档轻松的福利节目，我们致力于撩遍所有热爱心理学的专业人士。

跟着Luna和嘉宾们谈人生，说故事，走近心理，探索自我。希望能给你的生活带来陪伴和帮助，愿你能从中获得成长的认识、改变的勇气、行动的力量。

专辑标题则有一些迂回，想了比较久。最终呈现给大家的"月球沙发客"是基于3个想法而来的：

1）我和主持人搭档名字的组合是意大利语月亮的意思，月亮一直是我们人类用来寄托悲欢离合与爱恨情仇的意象，它在遥远的地方，可以让我们从现实生活中抽离，符合我们节目的地位。

2）为了让它有温柔舒适的调性，同时更想把节目的"C位"给嘉宾，所以加了"沙发客"的概念。

　　3）月球沙发客这个名字对于路人来说是不明真相的，为了让新用户更快获取到专辑的核心价值，我们又补了一个副标题，《月球沙发客|你的随身心灵保健师》。

图7-3　月球沙发客封面设计

专辑的包装，也是符合节目定位的，整体本色是深邃背景和治愈系的明亮小月球，符合大众对情感专辑的预期，而月球是奶酪色的，给人幸福和快乐的联想。（如图7-3所示）

再举一个选题的例子。我们在做月球沙发客时，邀请了一位制作人，他是哥伦比亚大学心理学硕士。当时聊了很多他自己感兴趣的题目，但是我们听下来，感觉专业度都比较高，与我们"希望大众能理解心理学如何帮助自己"的节目初衷不太匹配。后来我们了解到，他在美国读书时，曾经在精神病院实习过，这段经历略有些猎奇，但猎奇的背后，也符合我们节目的初衷，让大家认识精神疾病，不要用歧视的目光和态度污名化患者们的形象。

　　所以我们最终做了这个选题，就聊他在精神病院临床实习的故事，跟大家分享精神病人的疾病是怎样的，精神病人的处境是怎样的，精神病人的康复需要社会怎样的支持，以及他自己的真实遭遇。

　　在讲述中，我们聊了很多比较具体的场景，如他遇到印象深刻的人和事情以及他的心路历程等。这些内容很适合用音频展现，听起来像故事，但不知不觉，讲述者的心意也会恰到好处地传达出去，也就是"上了价值"：1）"精神病"是一种心理障碍疾病，且患者越来越广泛，要承认；2）"精神病"不可耻，不丢人；3）"精神病"能治能康复，要有信心；4）真正伤害患者的不是歧视，而是若有若无的冒犯，我们要尽量避免。

这一期节目最终定的标题是：《我在美国纽约精神病院一年的实习经历》，这个节目也是我们收听量最高的节目之一。

我在不同的节目中准备大纲的方式是不太一样的，比如在录制"第零期播客"时，我准备了逐字稿。因为这一期是期刊语，是整个播客专辑的定位，是我对这个节目的思考、期待，我希望尽可能表达得准确，甚至输出一些金句，给听众留下深刻的印象。如果让我在没有稿子的情况下直接讲一大段话，那语言一定是非常混乱的，会让剪辑工作变得很艰难。所以我就把想讲的话逐行写了下来，并告诉自己这是用来提醒的草稿，而不是用来照着读的文章。在讲的时候，也不是朗读的状态，而是讲述的状态。

*Bailu*：为什么想做《月球沙发客》这档节目？

*Yina*：

1）我们会听到很多让人痛心的故事。也感慨如果公众面对心理健康问题时能多一些可靠的信息来源，很多悲剧发生的概率可能会降低。

2）心理学虽然流派纷呈，但各个流派都有些内容让人受益匪浅。它们短期不会给我们带来直接的收益，但对我们长期的幸福生活有很积极的意义。

如果在我们的学业中有一门课，课的打分标准就是你有多幸福，多快乐，那心理学就会是这门课必修内容之一。

"道理都懂，还是过不好这一生。"

这句话其实并没有知行合一，没有知行合一，就还是不懂道理。

我们邀请的嘉宾，他们有这样的"知"，也有相应的实践经验。

所以他们的故事是有力量的。我们希望通过分享他们的故事给听众带来行动的力量和改变的勇气。

3）大众对心理健康问题其实还是会有些逃避，心理障碍疾病污名化的问题并未得到有效解决。

社会污名对于精神疾病患者的康复之路本身就是阻碍，因此我希望社会上能少一点类似言论。

我喜欢的一部电视剧的剧名是《虽然是精神病，但没关系》。

我希望环境对于精神健康发展是友好的。

当你开始问，有没有人关心自己快不快乐，自己是不是很失败时。

你可以再往远处看看，

我们愿意支持你，

不是所有人都会污蔑你，

不是所有人都会看扁你，

不是所有人都会嘲笑你。

我们希望我们的听众，知道总有些人会去接纳自己，

我们要为听众努力撑开一个判断多元价值的空间。

4）信息时代，对让我们如何幸福的探讨。

前段时间，一篇关于算法和骑手的刷屏文章，引发了很多人的思考。

算法，AI，就像过去的机器，它会慢慢取代很多人的工作内容。

有种观点是，"算法没有价值观"，我对此保持警惕和怀疑。

对于将要取代我们做很多工作的"人"，我们希望从人的角度出发，讨论在这样的场景下，我们应该如何面对这样的竞争对手。

它没有价值观是它的不完美，不是人类的错误。

我们应该理直气壮地回应，要求算法学会让我们幸福，如果它做不到，它就是还没有合格。

就像我们面对生活中的工业产品一样，不符合我们人类的规律，就应该让它回炉重造，直到它可以满足我们的生理与心理需求，完美适配我们的生活习惯。

在采访嘉宾时我一般会准备关键词大纲。以下面的节目为例，这期节目主要是嘉宾输出她自己的故事，故事之前也已经在知识平台上发布过，引发了很多读者的讨论。我确信她可以很流畅地把故事讲得足够精彩且吸引人。所以对于这样的节目来说，主持人更应做的是创造一个相互信任的谈话氛围，感受嘉宾的意愿，以及控制听众对这个故事的期待值，让听众接纳并尊重嘉宾。大纲反而是次要的。

### 介绍环节（大约3分钟）

- 主持人自我介绍
- 主持人介绍嘉宾
- 嘉宾自我介绍

**交流环节**

第一部分——科普

- 什么是躁郁症?

- 和抑郁症有什么区别? (重点)

- 躁郁症对身体和生活的影响是什么?

- 为什么会有躁郁症?

第二部分——故事

- 如何发现自己可能有躁郁症?

- 你是如何去疗愈自己的?

第三部分——建议

- 对关心精神健康的听众有什么建议?

- 关于知心小家

- 知心小家可以帮你什么?

**收尾环节 ( 大约3分钟 )**

## 7.4  单口类播客节目的创作流程

"单口"这个词最早来源于相声,由一位演员进行相声表演。后来又有了由英文"stand-up comedy"翻译过来的"单口喜剧"一词。类似的,单口播客是指一档从头到尾由主播独自讲述的播客节目。

听众与主播之间的高黏性在单口播客中非常显著,单口播客总是有一种多人播客中少见的诚挚。就像文学中的第二人称一样，单口播客有着最强的"在场感"，听着主播娓娓道来，听众仿佛在跟一个朋友对话，也有了更多的亲密感。

### 1. 单口播客的创作模式

单口播客没有多人播客常见的选题分歧，拥有较高的自由度。在制作形式和流程上，也相对简洁许多。

《八分》主播梁文道经常在酒店录制节目。洗澡之后，关掉大灯，只打开台灯，对着麦克风，娓娓道来。

那一个人讲是不是更简单？当然也不是。比起两个人聊天闲扯，听众对单口播客的质量要求更高。单口播客节目的创作很见功力，需要有极强的内容把控能力，让内容既有料，又有趣，否则很难让听众坚持听下去。同时，少了与合作伙伴的相互督促，主播必须享受孤独的创作过程，要持续更新更不易。这种情况带来的结果是，被听众关注的单口播客质量普遍不错。

大部分主播并没有长期口头表达的经验，如果要做单口节目，无疑需要投入更多时间与精力准备讲稿。

梁文道有多年的电视媒体经验与丰富的知识体系，对他来说单口并不是难事，但他还是会提前准备很多资料；《翻转电台》是偏讲授风格的，主播李厚辰每周会在微信群里直播，并提前发布Keynote版本的内容提纲，听众可以边听边看；《不可理论》的主播宝婷则常常边看资料边录播客，有时候一录便从晚上录到第二天早晨。

单口没有谈话自然，如果准备不充分，听起来就会不流畅。解决不流畅的方法有两种，一种是通过后期剪辑；另一种就是逐字稿。相较于剪辑的费时费力，逐字稿可能是更优的解决办法。比如《白水讲音乐剧》的主播白水就会提前备好逐字稿，减少后续录制与剪辑的负担。

### 2. 案例：《白水讲音乐剧》逐字稿解析

在我们开始讲这期节目的逐字稿解析前，强烈推荐你先去听一下这期节目。专辑名字是《音乐剧怎么听？每晚一首入心好歌》，这期是第三期，节目标题是《Vol. 3 不忘初心也绝不回头 Alexander Hamilton》。听完你一定会忍不住感叹，"如此沉浸的收听体验是怎么做出来的？"

首先介绍下主播和节目的背景。白水本科在中国人民大学英美文学系就读，毕业在央视英语频道做文化艺术相关的新闻采编工作。后来，他辞职到美国西北大学深造，并创业做艺术学习交流的平台。2019年年底，白水因为项目考察从纽约回到国内，受疫情影响，一直无法返回。

《白水讲音乐剧》也创作于这个特殊时期，这档节目的内容深入浅出，没有难懂的理论堆砌。白水说过，"我觉得在艺术领域，不需要特别难的术语和特别高深的理论，你要是做非得穿着燕尾服才去能看的东西，一定是跟普通人距离特别远的。"

《汉密尔顿》是一部音乐剧，这部剧的主人公就是汉密尔顿，他是美国的开国元勋，是头像印在美元钞票上的男人，同时他的人生也非常曲折励志。这部基于他的传记改编的音乐剧，获得了巨大的成功。

这期节目介绍了这部剧里最经典的一首歌,这首歌用说唱的形式,概述了汉密尔顿传奇的一生。他在节目简介中写道:"不仅因为波澜壮阔的历史,也因为有血有肉的灵魂。当然最动人的,肯定还是这份英雄情怀。在任何时代,我们都需要个人英雄梦这份鸡血和鸡汤。希望你也是,永远奋进,永不妥协,走崭新的路,绝不回头。"

主播白水跟我们一起分享了他做《白水讲音乐剧》这档节目的流程。

每期节目录制开始前,他总能挖掘到真正能让人听懂的,让每个人能记住的,与每个人的成长相关的细节元素。"先打动自己",这是白水做播客的信条。

他会先规划好节目的选题以及中间会涉及的相关音乐或者历史书籍等资料的框架。具体素材与资料的收集在闲暇时间完成。

在起草逐字稿前,白水几乎已经在脑海中有了稿子的"雏形"。在录制之前,他会将脑海中的"雏形"在键盘上敲击成一篇完整的逐字稿。

这篇逐字稿总字数是3660字,节目时长是16分钟52秒,这是很恰当的长度,既不会太长,让听众比较难找到合适的时间听完,也不会太短,使听众无法沉浸其中。

这篇逐字稿的结构简单清晰:开场35秒引入,简单介绍节目、主播,以及本期节目的主题曲;主题部分围绕歌曲展开,包括歌曲片段、歌曲背后的故事,以及主播自己的感受,节目里一共分享了11个音乐片段,包括开场片段、精彩片段和主人公背景相关的片段等;结尾部分用了85秒分享主播喜欢这首歌的原因,同时升华了主题。

| 结构 | 逐字稿 |
|---|---|
| 【开场】<br>● 节目开场：一句话介绍<br>● 主持人自我介绍，节目简介<br>● 前两期简介，引入本期节目主题 | 【开场伴奏音乐进入】<br>大家好，我是白水，这里是白水讲音乐剧。<br><br>白水过去十年在中美两地有丰富的演出行业相关经历，自己也是戏剧制作人和编剧。在这档节目里，我们将一起分享那些经典音乐剧中的撩人心弦的动听旋律，同时了解这些歌曲背后感人肺腑的故事。<br><br>前两期，我们分别推荐了《汉密尔顿》这部百老汇神剧中的《这里的城市静悄悄》(It's Quiet Uptown)和《知足》(Satisfied)，一首讲安静城市里的悲痛，一首讲一生错过的遗憾。今天我们来听一首特别能给人打鸡血的歌，本期主打歌《亚历山大·汉密尔顿》。 |
| 【主体部分】<br>● 歌曲简介<br>● 主人公生平 | 一听这首歌大家就能猜出来，这首歌是《汉密尔顿》这部音乐剧的点题之作，也是整部剧的第一首歌。这首歌不仅让故事的主要人物悉数出场，还借大家之口介绍了汉密尔顿的身世以及各自和他的关系，一个出生在"鸟不拉屎"的小渔村里的草根英雄就这样在风起云涌的时代里闪亮登场。<br><br>【歌曲《亚历山大·汉密尔顿》片段1】<br>How does a bastard, orphan, son of a whore and a Scotsman<br>Dropped in the middle of a forgotten spot in the Caribbean<br>by providence impoverished in squalor<br>Grow up to be a hero and a scholar?<br><br>开场第一句，由他一生的死敌艾伦·保罗（Aaron Burr）唱出来："这是一个私生子，一个孤儿，一个妓女和苏格兰人养的孩子，他出生在加勒比海上的贫穷潦倒之中，但这样一个人，最终成了一名铁骨铮铮的英雄和学富五车的知识分子。他是如何做到的？"<br><br>【歌曲《亚历山大·汉密尔顿》片段2】<br>The ten-dollar founding father without a father<br>Got a lot farther by working a lot harder<br>By being a lot smarter<br>By being a self-starter<br>By fourteen, they placed him in charge of a trading charter |

续表

| 结构 | 逐字稿 |
| --- | --- |
|  | 汉密尔顿出生在加勒比海上的西印度群岛，离波多黎各特别近，这也可能是作为波多黎各人的创作者米兰达会对他情有独钟的原因吧。汉密尔顿的幼年十分艰难，连真实的出生年份都没有定论，一说是1755年，一说是1757年。我个人觉得他应该是1757年的，因为1755年属猪，1757年属牛，而汉密尔顿是典型的那种固执倔强却又一生勤奋的人，像牛。他的全名是亚历山大·汉密尔顿，所以歌里面也会称呼我们的主角为亚历山大。<br><br>【歌曲《亚历山大·汉密尔顿》片段3】<br>When he was ten his father split, full of it, debt-ridden<br>Two years later, see Alex and his mother bed-ridden<br>Half-dead sittin' in their own sick, the scent thick<br>And Alex got better but his mother went quick<br><br>汉密尔顿的父亲叫詹姆士（James），是一个苏格兰人。他爸本来是来这个岛收账的，一收收了十年，生了个娃，然后就回他原来的岛上去了。汉密尔顿还没长大，母子二人就被父亲抛弃了，母亲带他搬到了维京群岛。汉密尔顿住的这个岛叫圣克罗伊岛（St. Croix），面积连北京市朝阳区的一半都不到。在小汉密尔顿十一岁的时候，母亲病逝。他和他的哥哥搬去一个表哥家生活。<br><br>【歌曲《亚历山大·汉密尔顿》片段4】<br>Moved in with a cousin, the cousin committed suicide<br>Left him with nothin' but ruined pride, something new inside<br>A voice saying, "Alex, you gotta fend for yourself"<br>He started retreatin' and readin' every treatise on the shelf<br><br>这个表哥非常倒霉，做生意一直赔钱，后来没想开就自杀了，表哥一死兄弟俩就没了照应，本来表哥的老爹也可以收留他们。但是这位叔叔因为儿子的自杀而悲痛欲绝，不到一个月也驾鹤西去。这下兄弟俩彻底没了着落。<br>随后，汉密尔顿搬去和当地一位有名的商人托马斯·斯蒂文（Thomas Stevens）一起住，而他的哥哥却没有。后来哥哥成了一个木匠学徒，一辈子都待在那座岛上，兄弟俩也几乎没再联系。 |

续表

| 结构 | 逐字稿 |
|---|---|
| | 现在两者之间仅存的一封书信是1785年汉密尔顿写给他哥的，那时战争结束了，汉密尔顿在四处奔走建立国家体系。从这封信的上下文来看，应该是他哥找汉密尔顿要钱来着。 |
| | 汉密尔顿在信里还问他哥是娶妻了还是单身，并建议他要是单身就继续单着，别娶了媳妇欠一屁股债。感觉到了浓浓的手足之情。然后汉密尔顿还问了老爹的情况，是关于老爹还在不在世这种层面的询问。他说自己写了很多信，却一直没有得到回复。 |
| | 当时有一个传言，说汉密尔顿是那个商人托马斯·斯蒂文的儿子，因为他和这位商人的另一个儿子爱德华（Edward）除了长相酷似之，脾气秉性也相去无多，而且俩人一辈子关系都还特好。有人说他俩简直就是双胞胎。这可能也解释了为什么唯独汉密尔顿被收养，而所谓的亲兄弟之间却渐行渐远。 |
| | 但无论际遇如何，最终让汉密尔顿从贫民窟走到10美元的封面上，还是他的艰苦奋斗和聪明才智。 |
| | 【歌曲《亚历山大·汉密尔顿》片段5】<br>The ten-dollar founding father without a father<br>Got a lot farther by working a lot harder<br>By being a lot smarter<br>By being a self-starter<br>By fourteen, they placed him in charge of a trading charter<br>And every day while slaves were being slaughtered and carted away<br>Across the waves, he struggled and kept his guard up<br>Inside, he was longing for something to be a part of<br>The brother was ready to beg, steal, borrow, or barter |
| | 在汉密尔顿14岁时，他已经在传说中的生身父亲托马斯·斯蒂文的进出口公司做职员，负责管理账目、调度商船、清点物流。《亚历山大·汉密尔顿》这本传记是米兰达的创作来源，这本书里说，汉密尔顿的老板一度因为健康问题而回到纽约休养，把所有的事情全权交给汉密尔顿管理了5个月。人家14岁就管理一家公司，我们果然输在了起跑线上。 |
| | 当时商船里运载的，也包括从非洲贩卖的黑奴。也许是在那个时候，汉密尔顿见证了奴隶贸易的残酷和血腥，渐渐塑造了他后来的废奴倾向。 |

续表

| 结构 | 逐字稿 |
|---|---|
| 第二部分<br>● 精彩乐句分享<br>● 相关说明<br>● 相关故事 | 这里面最打动我的是那句 Inside, he was longing for something to be a part of（内心深处，他渴望成为其中一部分）。我们每个人的心中可能都曾经有这样一种渴望，参与到一项伟大的事业中去。金麟岂是池中物，一遇风云便化龙。<br><br>【歌曲《亚历山大·汉密尔顿》片段6】<br>Then a hurricane came, and devastation reigned<br>Our man saw his future drip, dripping down the drain<br>Put a pencil to his temple, connected it to his brain<br>And he wrote his first refrain, a testament to his pain<br>Well, the word got around, they said, this kid is insane, man<br>Took up a collection just to send him to the mainland<br>Get your education, don't forget from whence you came<br>And the world is gonna know your name<br>What's your name, man?<br>Alexander Hamilton<br>My name is Alexander Hamilton<br>And there's a million things I haven't done<br>But just you wait, just you wait<br><br>直到一场改变命运的飓风吹来。1772年，加勒比海上飓风来袭。汉密尔顿动笔写下了全过程，还写成了诗歌。Put a pencil to his temple, connected it to his brain，And he wrote his first refrain, a testament to his pain。（他用铅笔指向太阳穴，笔和他的大脑连在一起，他写下第一段乐章，用笔来写他的痛苦。）我当时听到这儿还以为是说他表哥是用铅笔扎自己太阳穴把自己扎死的。后来才觉得好像是在说汉密尔顿自己文思泉涌，笔走龙蛇。<br>经朋友劝说，汉密尔顿向《丹麦皇家美国人公报》（Royal Danish American Gazette）投了稿，然后被匿名发表了。这篇文稿很长，前面用精彩动人的语言描述整个飓风的过程，后面都是诗歌。当时小岛上的人就被汉密尔顿的才华震惊了。这孩子从小没怎么受过教育，但是管理一流，账算得清楚，而且文笔还这么好。大家发起集资，把他送到了美国读书。<br>1772年，15岁的汉密尔顿终于离开了这个"鸟不拉屎"的小岛，此生再也没有回来过。 |

| 结构 | 逐字稿 |
|---|---|
| | 【歌曲《亚历山大·汉密尔顿》片段7】<br>There would have been nothin' left to do for someone less astute<br>He woulda been dead or destitute without a cent of restitution<br>Started workin', clerkin' for his late mother's landlord<br>Tradin' sugar cane and rum and all the things he can't afford<br>Scammin' for every book he can get his hands on<br>Plannin' for the future see him now as he stands on<br>The bow of a ship headed for the new land<br>In New York you can be a new man<br>In New York you can be a new man (just you wait)<br>In New York you can be a new man (just you wait)<br>In New York you can be a new man<br>In New York, New York<br>Just you wait<br><br>The bow of a ship headed for a new land, In New York you can be a new man. (船头驶向一个新岛，在纽约，你可以成为全新的人。)<br>这句特别有意境，"潮平两岸阔，风正一帆悬"。纽约，这个历史的大舞台，正呼唤着这样一个出身寒微却心怀大志的草根英雄。如今的我们，不管来自何方，当踏入一座崭新的大城市，不管是北上广还是伦敦巴黎洛杉矶时，是否也曾感受到心底燃烧的那种热望，渴望在新的舞台上做一个崭新的自己。<br>在这段演出里，艾伦·保罗接下了汉密尔顿脱去的旧外套，伊来莎（Eliza，汉密尔顿的妻子）为他穿上新装，安吉莉卡（Angelica，伊来莎的姐姐）为他递来了一本书，而劳伦斯（Laurens，汉密尔顿的朋友）则为他带上行囊。其中每一个行为都有象征意义。<br>这部剧的词曲作者米兰达写下下面这句时，多多少少也是在为自己的壮志而抒怀吧。Another immigrant Coming up from the bottom——一个来自底层的移民向上攀登，建立了一番丰功伟绩之后，却被政敌诋毁，被世人遗忘。 |

| 结构 | 逐字稿 |
| --- | --- |
| | 【歌曲《亚历山大·汉密尔顿》片段8】<br>The ship is in the harbor now<br>See if you can spot him (just you wait)<br>Another immigrant comin' up from the bottom (just you wait)<br>His enemies destroyed his rep America forgot him<br>We, fought with him<br>Me, I died for him<br>Me, I trusted him<br>Me, I loved him<br>And me, I'm the damn fool that shot him (shot him, shot him)<br><br>歌曲的最后，每个主要角色分别用简短的话语介绍自己和汉密尔顿的关系。和他并肩战斗的是穆里根（Mulligan），麦迪逊（Madison），拉斐特（Lafayette）和杰弗森（Jefferson），他们都是美国国父级别的人物，尽管麦迪逊和杰弗森也是汉密尔顿的主要政敌。为他而死的是战友劳伦斯和他的儿子菲利普（Philip）。说信任他的是华盛顿，他提拔汉密尔顿做了美国第一任财政部部长。说爱他的是思凯勒（Schuyler）家的三姐妹以及和汉密尔顿出轨的玛丽亚（Maria）。最后，说自己开枪杀死了他的的是汉密尔顿一生的敌人艾伦·保罗。<br>这些名字大多比较眼熟，除了劳伦斯战死，其他人都在整部剧中有不少戏份，放到日后慢慢说。这里稍微提一句穆里根。<br>穆里根是汉密尔顿来到纽约后的第一个朋友，汉密尔顿上的两所大学都是靠他帮忙。后来汉密尔顿上了国王学院，也就是现在的哥伦比亚大学的前身，两个人还是室友。<br>汉密尔顿的反英和独立的思想基本都是受穆里根的影响。穆里根老早就加入了一个叫"自由之子"（Sons of Liberty）的地下抵抗组织，借着给英国军官做裁缝的机会，他偷偷为华盛顿提供情报，而且他获得的情报还救过华盛顿的命——要不是他及时将自己听到的消息转达给华盛顿，后者的项上人头可能早就被埋伏的英军砍下了。 |

| 结构 | 逐字稿 |
|---|---|
| 和主人公成就有关的2个剧情 | 这里吹得这么高，汉密尔顿到底有何成就呢？白水简单列举剧中两首歌的两个片段来回答一下。<br>第一首《永不停歇》（*Non-Stop*），讲他的勤奋。美国独立后汉密尔顿、詹姆士·麦迪逊和约翰·杰伊联手撰写了一系列为美国宪法辩护的文章，合称《联邦党人文集》，计划是三人平分工作量，一共出25篇。结果六个月里一共出了85篇，约翰写了5篇就生病了，麦迪逊写了29篇，汉密尔顿写了其余的51篇。当然，他一生留下的文字作品不计其数，所以歌里面才会说他真的是不要命地写了一辈子。<br><br>【歌曲《永不停歇》片段】<br>Alexander joins forces with James Madison<br>And John Jay to write a series of essays<br>Defending the new United States Constitution<br>Entitled The Federalist Papers<br>The plan was to write a total of 25 essays<br>The work divided evenly among the three men<br>In the end, they wrote 85 essays<br>In the span of six months<br>John Jay got sick after writing five<br>James Madison wrote 29<br>Hamilton wrote the other 51<br>How do you write like you're running out of time? (Running out of time?)<br>Write day and night like you're running out of time? (Running out of time?)<br>Every day you fight, like you're running out of time<br>Like you're running out of time<br>Are you running out of time? Awwww!<br>How do you write like tomorrow won't arrive?<br>How do you write like you need it to survive?<br>How do you write every second you're alive?<br>Every second you're alive? Every second you're alive? |

续表

| 结构 | 逐字稿 |
| --- | --- |
| | 【歌曲《谁离开了？谁活着？谁来讲述故事？》片段】<br>第二首插播的是最终曲目《谁离开了？谁活着？谁来讲述故事？》(Who lives who dies who tells your story)。汉密尔顿的政敌杰弗森和麦迪逊在汉密尔顿死后认可了他的功绩——麦迪逊说他一手将独立后的美国从破产中挽救，建立了稳固的金融体系，让整个国家走向繁荣。杰弗森也说，汉密尔顿建立的金融体系是天才之作。<br>President Jefferson<br>I'll give him this, his financial system is a work of genius<br>I couldn't undo it if I tried<br>And I've tried<br>Who lives, who dies, who tells your story?<br>President Madison<br>He took our country from bankruptcy to prosperity<br>I hate to admit it<br>But he doesn't get enough credit for all the credit he gave us<br><br>I couldn't undo it if I tried. And I tried.（如果是我，我做不到，我试过了）这句写得特别好，如果让我试试我也不能把这个体系推倒重来，而且其实我试了。回到亚历山大·汉密尔顿这首歌。 |
| 引用乐句来总结这首歌 | 【歌曲《亚历山大·汉密尔顿》片段9】<br>The ship is in the harbor now<br>See if you can spot him (just you wait)<br>Another immigrant comin' up from the bottom (just you wait)<br>His enemies destroyed his rep America forgot him<br>We, fought with him<br>Me, I died for him<br>Me, I trusted him<br>Me, I loved him<br>And me, I'm the damn fool that shot him (shot him, shot him)<br>There's a million things I haven't done<br>But just you wait |

续表

| 结构 | 逐字稿 |
| --- | --- |
| | We are waiting in the wings for you这里的翅膀（wings）指的是观众看不见的舞台两侧，演员一般都是从这里上场。作为历史剧，这种类似戏中戏的开头可能会让观众比较有代入感吧。<br>演员就绪，灯光就绪，情绪也就绪，就等着他登台演出，从一个孤儿到一个国父这跌宕起伏、充满荣耀与悲苦的一生。<br>他的才华横溢，他的信誓旦旦，他的兢兢业业，他的执迷不悟，都在他的名字里。 |
| 【结尾】<br>1. 主播喜欢这首歌的原因分享<br>2. 期待我国开国元勋的故事<br>3. 主题升华<br>4. 跟听众说再见 | 【切换换舒缓轻松的伴奏乐】<br>好了，今天的这首《亚历山大·汉密尔顿》就介绍到这里，这也是白水我在整部剧中最爱的一首歌，没有之一。不仅是因为它波澜壮阔的历史，也是因为其中有血有肉的灵魂，当然最动人的，肯定还是这份英雄情怀。<br>有朋友问过我，"你说我们的《建国伟业》这类故事，会不会让一个外国人这么喜欢一个座次比较靠后的开国元勋？"我说，必须会！<br>在任何时代，我们都需要个人英雄梦这份鸡血和鸡汤。希望你也是，永远奋进，永不妥协，走崭新的路，绝不回头。<br>白水讲音乐剧之《汉密尔顿》，我们下期再见。 |

这篇逐字稿案例有很多值得学习的地方，我们逐一来看：

1）它作为节目讲稿，不是一篇文章，开篇和结尾都有相关的引导。

开篇

大家好，我是白水，这里是白水讲音乐剧。

白水过去十年在中美两地有丰富的演出行业相关经历，自己也是戏剧制作人和编剧。在这档节目里，我们将一起分享那些经典音乐剧中撩人心弦的动听旋律，同时了解这些歌曲背后感人肺腑的剧中故事。前两期，我们分别推荐了汉密尔顿这部百老汇神剧中的It's

*Quiet*，*Uptown* 和 *Satisfied*，一首讲安静城市里的悲痛，一首讲一生错过的遗憾。今天我们来听一首特别能给人打鸡血的歌，本期主打歌——《亚历山大·汉密尔顿》。

结尾

白水讲音乐剧之《汉密尔顿》，我们下期再见。

2）逐字稿和文章的主要区别是，它是为了讲述准备的，因此在文字中，有较多口语化的表述。即使白水的文采优美，使用了较多华丽的辞藻，内容中还包含比较多的英文歌词介绍，整体表述也相当深入浅出。适当的地方，还会通过疑问的方式，抓住听众的注意力，让听众能跟上故事的主要线索。

我当时听这词时，还以为是说他表哥用铅笔扎自己的太阳穴把自己扎死了。后来才觉得好像是在说汉密尔顿自己文思泉涌，笔走龙蛇。

这里吹得这么高，汉密尔顿到底有何成就呢？白水简单列举剧中两首歌的两个片段来回答一下。

3）作为音乐剧，他将音乐和讲解非常完美地融合在一起。讲完前面的铺垫，然后说到这个草根英雄闪亮登场时，激昂有节奏的音乐便开始响起，听众仿佛进入现场，看到了男主角汉密尔顿亮相的样子。音乐剧播放到相应情节的时候，再对音乐内容进行解说，会让听众有身临其境的感觉。

这首歌是《汉密尔顿》这部音乐剧的点题之作，出现在整部剧的第一首。不仅让故事的主要人物悉数出场，还借大家之口介绍了汉密尔顿的身世以及各自和他的关系，一个出生在鸟不拉屎小渔村里的草根英雄就这样在风起云涌的时代里闪亮登场。

4）最重要的是展现在字里行间的主播的真诚。正如白水所说"先打动自己"，他在这个节目里经常强调这部剧是他的鸡血和鸡汤，这篇文稿中也提到打动他的歌词，他也借着这首歌抒发了自己内心的渴望。

这里面最能打动我的是那句 Inside, he was longing for something to be a part of——我们每个人的心中可能都曾经有这样一种渴望，参与到一项伟大的事业中去。金麟岂是池中物，一遇风云便化龙。

白水讲音乐剧，既有专业，也有真诚，所讲述的内容也是艺术成就相当高的作品，我平时会一听再听，每次听都有特别的感受，相信你也会有特别的收获。

## 7.5  故事类播客节目的创作流程

故事类播客是听众最爱的收听类型。故事类节目通过叙述者的语气和情节的循序渐进，借声音的沉浸体验与听众达成情感的联结。

2005年，一档以真实案件为基础改编的罪案题材故事类播客节目 Serial 的火爆，带动了播客在美国的出圈、普及和众化。

2017年，中国播客爱好者寇爱哲做了一档《故事FM》节目，成为中文故事类播客的标杆，至今在各大播客榜单位居头部。

从古至今故事都是传递信息的重要方式，人们把真实发生的事情始末用笔记录或口口传播。故事是我们解释世界的源泉，是理解自我生活和经历的方式，我们一直在故事中游弋。

故事能以各种方式来表达。戏剧、散文、电影、歌剧、诗歌、舞蹈等都是故事的呈现形式，每一种都有娱人之长，不同历史阶段，其中某种形式会大放光彩，走到台前。

故事有虚构和非虚构。非虚构如人物传记、游记、回忆录、个人散文集、评论、历史写作、调查报告和广播纪实等；虚构包括网文小说、短篇及长篇故事等。

故事类播客节目会用声音把人物的活动过程、事情的来龙去脉讲给听众。虽然没有画面，依然可以通过语言描述角色、场景、细节让听众身临其境。它需要有一个好的述说者，在讲述故事情节的同时，给听众留下思考空间。一集好节目能让听众觉得自己好像在听一部电影，同时帮助他们对故事中的人物建立起同理心。播客类故事的特点是，声音本身是富含情感的，真诚的声音非常打动人心。

故事类播客也是所有播客类型中，成本最高、专业要求最高、最耗费时间精力的类型之一。其难度体现在：1）采集好的故事比采集好的话题更难；2）讲一个好故事比谈自己的想法和观点更有艺术创造性；3）好故事更追求好的后期制作。

所以大多数故事类播客，是由专业机构以团队形式制作，或由专业主播花费较长的时间和精力制作的。不过，好的故事无论以何种成本呈现，都是值得期待的。我们能在电影院共情投入上亿的好电影，跟随主人公的遭遇掉泪、欢笑；也能在和朋友吃饭时，为朋友讲述的故事掉泪、欢笑。

播客节目的制作成本远远低于荧幕类节目的制作成本，我们也可以尽可能在可控的成本下，讲述一个完整的故事。本小节会以一个比较简单通用的流程，来介绍如何制作故事类播客。

**1. 故事类播客的制作流程**

故事类播客的制作流程一般包括4个步骤：故事采集、故事录制、编写故事脚本、音频后期。

**（1）故事采集**

如果确定了目标是讲一个故事，或者本来想做的是一个谈话节目，突然发现嘉宾的经历非常有意思，是一个很好的故事选题，都可以往故事类的方向靠近。

在了解故事的过程中，可以先简单了解整个故事的经过、背景和相关的资料，中间有可能会冒出新的想法，产生新的走向。

然后我们会有一个故事的雏形——它是怎样的一个故事，最精彩的点在哪里，中间有哪些情节，有哪些有趣的点，有什么可以升华的点。好的故事需要有生命力，能在某些方面给人启迪。

**（2）故事录制**

前采和初步故事框架清晰，录制就可以提上日程了。

在第一步我们已经对整个选题做过前采和初步的研究，预知故事全貌。接下来我们要确定如何讲述这个故事，并且设计录制过程。

可以通过向嘉宾提问的方式讲述故事。问题设计的重点，是能引导着故事出现，问题不要列太多太满，只要列出关键的就好。最好的状态是与嘉宾共情，这样嘉宾才会讲出更多故事。可以列出自己最关心的五个方向，并用一些小问题填满这些方向，这样的好处是既能把握最重要的方向，也能在补采时让某条线索变得有迹可循。

采访时要自然，我们要时刻思考故事的呈现是不是完整，能让听众听懂，能达到预期效果。同时，我们也要考虑如何让嘉宾维持讲故事的状态，把精彩部分说出来，向前推进故事。

尽量面对面采访，访谈后对照故事线，检查素材是否全面，是否采访了所有的信息。如果讲述的状态不好，也可以及时补录，最终剪辑可以选择最好的版本呈现。

### （3）编写故事脚本

故事脚本，是给剪辑师的剪辑脚本，也接近会呈现给听众的文本。包含其中的角色、使用的素材、故事的进程等。

编写故事脚本的第一步，是对故事和实际录制过程进行复盘。如果录制前构思的故事情节和实际录制是接近的，那么可以基于最初的故事细化，再直接把相应的录制素材组织进去。剪辑时要尽量筛选出最带感情色彩和表达嘉宾想法的片段，弱化其他片段（如我们提的问题）。如果提问呈现在故事中不合适，可以考虑设计旁白，补录旁白。

通常，我们可以在片头加一个符合节目调性的片花，用它吸引听众，让听众为这集节目驻足。

此外，还可以有小场景引出故事，整体的讲述要有低谷有高潮，结尾可以用回到现在的方式结束，以时间顺序来安排惊喜情节。

在写脚本时，我们可以尝试与自己对话，把对自己说的话打出来。除了安排故事情节、埋下伏笔，我们还需要写出建议搭配的声效类型。

### （4）音频后期

脚本完成了，后期就要按照脚本将内容呈现出来。

后期的工作核心是剪辑出一个完整的故事。如果前期准备比较详细，那后期主要是简单调整；如果前期留的余地比较大，后期也可以基于素材重构故事，做二次创作。

如果有余力，可以进行精剪，并做一些声音设计，基于故事的节奏、内容，增加音效和音乐，让细节更丰富，把故事的氛围感烘托得更到位。

在故事类播客创作的全过程中，最重要的其实是开始的故事采集、故事录制和编写故事脚本。如果准备充分，剪辑就是一个执行层面的体力活。如果前期准备不充分，使得录制的故事很平淡、讲述状态不投入或漏掉关键的素材，后期都是很难剪出理想效果的。

另外，故事类剪辑对故事脚本依赖度很高，为了提升工作效率，我们可以充分利用云剪辑等工具，在音频转成的文本上标注出故事的框架、节奏和音效等要素，让故事的编辑过程可视化，把打磨好故事变成充分发挥创作力，但不那么消耗时间的事情。

## 2. 案例:《"问题班"的故事,"坏孩子"遇上"坏老师"》

这里分享一个月球沙发客的案例。

我曾经邀请过一位很有咨询经验的嘉宾——王老师。我想让他分享一些他遇到的典型青少年问题,并和家长们聊聊如何与青少年沟通交流。

王老师是一位班主任,他本人对心理教育工作很有热情。他说话慢条斯理,看上去是一个脾气很好的老师。

在预沟通时,我问他最近遇到的困难是什么,他说了一句话,直接勾起了我的注意——他说他"遇到了史上最差的班级"。

"史上最差的班级",到底哪里最差?我产生了好奇,就追问了。他跟我描述了上一任班主任对他的告诫,也跟我简单分享了几个案例。但他是心理老师,必然有着和学科老师不一样的应对方式,他告诉了我他的想法,以及解决这些"坏孩子"存在的问题的方式。

他还说了一句话,让我决定用故事的形式去展现这期节目,他说:"我在他们身上看到了自己,我曾经也是一个'坏孩子',曾经也有一个老师,去帮助过那样的我。"

在听这段话时,我脑海中浮现了校园成长电影的画面,仿佛看到了罗伯特·麦基在《故事》一书里提到的人物角色发生重要改变之后的"弧光"。

有角色,有困难,有矛盾和冲突,有迎难而上的旅程,有自己内心发生的变化。从一个被帮助的"坏孩子",变成了帮助"坏孩子"的老师,当事人成长经历中的这种显著的变化,可以被打磨成很好的故事。而他本人的成长，也非常符合我们做《月球沙发客》的初衷。

所以最后在访谈时，我们谈观点的篇幅非常少，把节目更多的篇幅留在呈现嘉宾的故事上，充分展现故事里的冲突、矛盾和当事人的内心变化。

节目标题："问题班"的故事，"坏孩子"遇上"坏老师"

节目简介：

你是否被贴上过好孩子或坏孩子的标签？

成年后回头再看这种二元论的归类方式，肯定会有不同的感触

这次嘉宾老王遇到的，似乎是电影里的情节

史上最差"问题班"，让各种老师避之不及

心理老师老王担此重任，如何面对若干所谓的"坏孩子"？

为什么老王又在他们身上，看见了曾经的自己？

一切内容，尽在本期节目

嘉宾：老王，中学心理教师

故事脚本

| 结构 | 脚本 |
| --- | --- |
| 片头片花 | 片段①：对于这个班来说，学生们的心理健康问题可能更需要被关注。<br>片段②：当天下午连着四个事情，等我从医院回来的时候，有一位老师告诉我，你们班又出事儿了。<br>片段③：后来逐渐地能理解，为什么当时老师请我出去，为什么当时给我这么严厉的处罚。 |
| 节目开场<br>主持人自我介绍<br>介绍嘉宾 | Bailu：Hello各位听众朋友们，这里是月球沙发客。我是Bailu。<br>Yina：大家好，我是Yina。<br>Bailu：今天来到我们节目的嘉宾是我们的老朋友老王。<br>老王：大家好，我是老王。 |

| 结构 | 脚本 |
|---|---|
| 【第一部分：挑战】<br>1. 背景：接手一个"问题班"<br>2. 是有怎样的问题？<br>　a.角色＆场景<br>　b.角色＆场景<br>3. 面对这样的班级，是怎样的心态？为什么？<br>（引入老王的故事） | Yina：老王前段时间遇到了一个难题。他在学校里接手了一个"问题班"，当时这个班给老王带来了很大的困扰。<br><br>老王：确实，接手这个班级，当下给我整个人的打击是非常大的。<br><br>这个班级很特别。我们能够想到的当初在我们自己成长过程中出现的那些问题，几乎全都集中在这个班的孩子身上了，就是这样的一个状况。<br><br>我简单举几个例子。<br><br>这个班当时被所有的任课老师评价为有史以来最差的一个班，所以我很紧张。<br><br>很多老师过来给我打预防针，说："哎呀，老王你不要带这个班。你在这个班里会完蛋的。你这几年要全部耗在他们身上了。"当时所有的任课老师，他们都不愿意接去带这个班。我作为一个心理老师最后被选去接这个班，可能也是因为我们的领导考虑到，这个班里学生们的心理健康问题可能更需要被关注。<br><br>后来我的师父告诉我"作为一位心理老师，你应该去接这个班。"他说，"只有你带过这个班了，你才能感受到那些孩子到底是怎么想的。"这也是我接下这个班的原因。<br><br>我具体说说这个班的特点吧。这个班难管有几大原因。<br><br>第一个原因是，这个班的"贫富差距"特别明显，这个贫富差距指的是在学习上，年级前五名的学生有三名在这个班。<br><br>Yina：所以它也是个好班呀。<br><br>老王：因为我们是平均分班，也就是随机分班。没有刻意地把成绩不好的孩子分到一个班。只是特别碰巧，成绩最好的孩子在这个班，成绩最不好的也在这。这是这个班上课非常难上的一个原因——"差生"对老师很没有敬畏感。我们小时候虽然很皮，但是会有点怕老师，老师进来了，至少会慌一慌。他们可能就没有这个感觉，老师的管教可能对他们来说没有什么效果。 |

| 结构 | 脚本 |
| --- | --- |
| | 第二个原因是孩子们在课堂上的表现非常夸张。在第一次上班会课时，一开始整个班是安静的，十分钟之后，教室里已经有好几个人在乱窜了。他们当着班主任的面也会离开座位，在教室里走动，拿别人的东西，甚至跟别人发生冲突。<br><br>下课时，有一个孩子甚至因为不满上一个班主任的离开，拿头去撞铁的讲台，而且是很重地撞上去。<br><br>Yina：他是对上个班主任有强烈的感情吗？<br><br>Bailu：这种行为听起来好像三岁小朋友，最多四岁。<br><br>老王：对，就很可怕，而且他用了很大力。他第一下撞在讲台上，第二下，因为我怕他受伤，就上去挡了一下，他就撞到了我身上。<br><br>Bailu：其实撞你身上应该会蛮软的，我在想他是有什么心理疾病吗？<br><br>老王：也不能算有心理疾病，这个孩子的确有一些生理方面的问题，导致他很不会表达自己的情绪。当他的情绪爆发时，他会选择通过肢体上的疼痛，包括打别人或自己撞墙这样的方式发泄。这孩子不会哭，他不会通过哭的方式来宣泄情绪，所以只会选择那些我们看起来很暴力的方式宣泄。<br><br>而且他又是男生，力气很大，所以上课如果突然闹这么一出，或者上课他跟同学起矛盾突然打起来，他是无法控制自己的，会让整个班非常混乱。<br><br>班上还有两个比较"坏"的孩子，他们觉得这个孩子很好玩，会去学他、嘲笑他，这个行为又会引起他的不满。他们几个人会形成一个循环，造成了这个班上课时此起彼伏的混乱。 |

续表

| 结构 | 脚本 |
|---|---|
|  | 第三个原因是这个班上有一批男孩子，他们挺聪明的，这个聪明指的是智商很高。他们不正面和老师起冲突，但是他们会给老师捣乱，会故意提一些非常刁钻的问题为难老师。青春期的孩子会比较关注两性方面的话题，他们会故意说一些挑衅的话，甚至有些男学生会当着女老师的面说，引起师生之间的冲突。<br><br>除此之外，班上还有两个孩子，他俩脾气比较大，会跟老师正面吵起来。<br><br>后来我自己总结下来，这个班百分之七十到八十的孩子存在我们常规意义上的纪律问题。<br><br>Yina：为什么这个班会有这么多"问题孩子"呢？这是一个随机的结果，还是说可能其中有一些小孩受了他人的影响呢？<br><br>老王：其实是有影响的。我跟这个班的前任班主任关系非常好。他跟我说，这个班一开始还没这么差，没有这么多的问题，就是因为原本有几个孩子比较"有问题"，才逐渐地影响了整个班级。<br><br>同时可能也跟另外一些老师对他们的评价有关系。老师上课跟孩子起了冲突，可能就会对这个班产生一个很不好的刻板印象——就是说我觉得这个班不好，所以学生们做什么我看都是不好的。这就导致很多老师在这个班上课的时候会带一些负面情绪，不是一个正常的状态。 |
| 【第二部分：过去】<br>1.老王曾经是一个"坏孩子"？<br>2.为什么会被当成坏孩子？<br>3.怎么对待这样的标签？<br>4.如果从现在的视角看，当时的你，希望被怎样对待？ | Yina：当你站在讲台上，告诉他们你是他们的新班主任时，你的心情怎么样？<br><br>老王：我当时的心情，其实是挺忐忑、挺害怕的，但也有点兴奋，这可能跟我以前的个人经历有关。<br><br>Bailu：怎么说？<br><br>老王：因为我当初也是一个"坏孩子"，所以我走进教室时，最大的一个想法就是"我倒要看看你们能有多坏。还能有我当初坏吗？"会有这样一种心情。 |

| 结构 | 脚本 |
|---|---|
| 【音乐】 | Yina：得到答案了吗？<br><br>老王：目前感觉啊，可能跟我当初差不多吧。<br><br>Yina：所以你面对的是很多个当初的自己。<br><br>老王：很多个自己扎堆在了一起。<br><br>Yina：所以这样一个班级，对你来说是有不一样的意义的，它让你看到了过去的自己。你和其他班主任对他们是有不同的感受的，对吧？<br><br>老王：是，有几方面的因素在，第一个我是非学科教师，我没有成绩压力。成绩不会主导我对学生们最直观的评价。在这方面，我跟其他的班主任会不太一样。<br><br>第二个就是你刚刚说到的，我可能看到的是我自己的成长经历。所以，我的心态相对来说会更加地放平一些，没有说一定要抓什么问题。<br><br>第三个是，我是心理老师，我可能更能理解他们一些。<br><br>Yina：我比较好奇，老王以前是个怎么样的"坏孩子"呢？现在我们看到老王是一个看上去非常温柔，很平和，很好的一个形象，比较难和"坏孩子"的形象挂钩。<br><br>老王：现在回想起来，我当初确实是蛮过分的。我说几个例子吧。<br><br>因为就近入学，所以我的小学和初中同学几乎是同一批人。所以他们都是比较了解小时候的我的，他们就总会说"老王来了，最坏的那个人来了"。<br><br>Bailu：是不是像《哆啦A梦》里面的胖虎啊？<br><br>老王：有点。在小学时我的形象大概就是，班上最壮的那个男生，所以我跟男生的关系会特别差。 |

续表

| 结构 | 脚本 |
|---|---|
| 【音乐结束】 | 其实当时不是我主动欺负他们，而是我只要感觉到被冒犯，就一定会还击。导致在我身上发生的冲突是非常多的。可能同学只是路过我的座位，不小心碰到了我，我就会感觉他冒犯到了我，如果他没跟我道歉，我就会和他打架。<br><br>现在看起来我是处于一个非常激化的状态中的，但是那个时候的我觉得这很正常。这也导致被我弄哭的同学有很多。<br><br>我小时候是那种不太主动惹别人，但是我感觉到我被冒犯了，或者感觉到我的朋友被冒犯了，我就一定要出头，可能是受到了以前那种武打小说的影响。<br><br>Yina：肢体上的攻击性比较强。<br><br>老王：很强，包括语言上。我当初的坏，其实夹杂了一点"皮"。<br><br>Yina：就是在老师、同学或同学家长看来，属于那种很麻烦的小孩儿，容易惹事，激化矛盾，对吧。<br><br>Bailu：可能老王是有自己的原因的，他的行为背后是有自己的逻辑的。<br><br>Yina：正义感很强。<br><br>Bailu：但是在他人眼中就是纯粹的暴力事件。<br><br>老王：是的。在这之后，对我影响比较大的是一位非常喜欢我的班主任，他对我表达了失望，当时对我影响非常大。<br><br>Bailu：现在你带的班级也是初中吗，还是高中？<br><br>老王：我现在带初中，所以就是回到了我当初最坏的那个年纪。 |

| 结构 | 脚本 |
|---|---|
| 【第三部分：应对】<br>1.作为曾经的"坏孩子"，怎么看待现在这些坏孩子？<br>2.你和其他老师有什么不一样？<br>3.处理的方式有什么不一样？<br>　a.角色&场景<br>　b.角色&场景<br>4.这些孩子现在怎样了？这个班级现在怎样？<br>5.接手这个班级，对你个人来说，意味着什么？ | Yina：现在老王站在讲台上了，面对这样一群曾经的自己，你跟前一任班主任就会有不一样的处理的方式。他们去激怒人，在教室里乱跑的时候，或者他们去冒犯老师的时候，你是怎么处理后面的事情的呢？<br><br>老王：作为这个班的班主任，我感觉我延续了前一任班主任的一些想法吧。我前一任班主任跟我是同龄人，他跟这群孩子，是做同伴和伙伴，所以他跟他们才能成一片，我也有点类似。<br><br>我一开始尝试着打入"敌军内部"，没有急着树立教师的威严。第一节课，我和他们做了两个游戏，整个班级很闹。<br><br>我把他们带到操场上，上了两节班会课。他们玩得很开心，我没有带任何的主题，就是让他们感受快乐。那次正好是期末考试考完，也是下学期还没开始的时候，两节课下来，至少在他们心中，我是他们的一个大哥哥，是一个伙伴，而不是他们想象中的一个很古板的老师。这是我做的第一件事情，目的是让他们接纳我。 |
| 【音乐】 | 第二件的话，我在假期和一部分孩子，就是之前老师跟我说的，需要特别关注的孩子，加了微信，跑到他们家里了解了一下。<br><br>Yina：这是属于惯常的家访，还是你特别做的家访？<br><br>老王：其实接班一般是不用做家访的，当时我觉得这个班确实有必要，所以我就去做了家访。<br><br>但是我这次家访不是访家长，而是访孩子，我跟孩子沟通了一下，从他们的口中了解了很多班级里的八卦绯闻。<br><br>Yina：情报。<br><br>老王：对。然后也和其中很多孩子达成了共识，就是让他们记得有事情和我汇报。<br><br>Yina：埋下了"眼线"。 |

| 结构 | 脚本 |
|---|---|
| | 老王：对。但是我不是只跟一个孩子说了，我跟所有的孩子都是这么说的，我说你是上一个班主任向我推荐的人，你是他最看重的孩子。 |
| | Yina：这个有点"心机"了呀。 |
| | 老王：有一点，其实是给他们灌输"他们在老师眼里是一个好的形象，是被信任的形象，老师是看到他们的好的"的意识。至少在那次跟我聊天的过程中，他们给我的反馈是很愉快的，很开心的，至少他们会觉得"老师是看重我的"。 |
| | 换班主任，其实对孩子来说也是一次重新开始的机会。 |
| | Yina：就是这个老师会不会看到我，我会不会被重视。 |
| | 老王：所以我觉得在那次开场中，我做得还可以，至少开学的前两周，他们做得很好，在我面前表现出一个很好的状态，跟之前老师说的完全是不一样的状态，他们在尝试变好。 |
| | 在那两周里，其实我每节课下课都会偷偷地去找任课老师。 |
| | 老师们会向我反映这节课哪些学生好，哪些不好，我也会跟一些孩子去聊一聊，每天都会。 |
| | 那两周很好。 |
| | 第二周结尾时，那是一个周四，我印象特别深刻，九月十号教师节那天。 |
| | Bailu：送来了什么礼？ |
| | 老王：送我一个"大礼"——一个下午班里爆发了五起冲突事件，总共牵扯大概十二名学生。 |
| | Bailu：为啥还起冲突了。 |

| 结构 | 脚本 |
|---|---|
|  | 老王：举几个例子，第一个是很小的一件事儿。上课，一个同学弹橡皮，从最后一排弹到了第一排一个同学的脖子里。那个同学其实就是我一开始说拿头撞墙那个孩子，他不知道是谁干的，所以当场拍桌子说，"谁做的给我站起来"。 |
|  | 而当时老师正在讲课，那节课正好又是个新老师，一个年轻女教师。她当时就把这两个孩子请到办公室了。 |
|  | 在这个情况下，我就要先处理这两个孩子。 |
|  | 就在我处理这两个孩子时，外面下课了，另外一个孩子也跟隔壁班的同学起了一点小冲突。他倒没跟隔壁班的同学打起来，他跟自己班一个同学打起来了。原因是下节课用的课本他借给了同班的这个同学，这个同学又借给了隔壁班的同学，结果隔壁班同学在书上画了点记号，就弄脏了。然后他就觉得是同班同学的错，两个人就打起来了。 |
|  | 又过了五分钟——那是个十五分钟的大课间——我们班电教员，就是负责管电视屏幕的那个孩子，他又和他的室友打起来了。 |
|  | 为什么呢，因为班级里滑动的黑板有点不太好，拉动时会有很大的声音。那个电教员想轻轻地拉，声音能小一点，这样确实声音小，但会持续时间很长。他的室友就冲上去，一把拉开，发出了很响的声音。电教员觉得他被冒犯了，两个人就打起来了。 |
|  | 我在办公室处理这三件事情时，后面一节课又出事了，一个孩子跟老师起了冲突。老师让他出去，他不肯，两个人吵了起来。然后那个孩子就冲到我办公室来，当时我正好在处理别的事情，没管他。 |
|  | 我的办公桌前有一块完整的长方形的玻璃，大概有5毫米厚，是比较厚的磨砂玻璃。那个孩子当时比较愤怒，可能又觉得自己受到了冷落，就一拳把玻璃砸碎了，手当场就流血了。 |
|  | 因此我只能放下其他事情，先带着孩子到医务室去。结果到了医务室，医务老师说伤口太大，我就又带着孩子去医院，包扎伤口，缝针。 |

| 结构 | 脚本 |
|---|---|
| | 等我从医院回来，有一个老师告诉我又出事儿了。 |
| | 这天下午我手忙脚乱的，彻底感受到了这个班的"史上最差"是怎么来的。 |
| | 那天晚上我处理到八点。所幸事情最后也算是有惊无险地结束了。 |
| | 其中有几个孩子家长过来了，尤其是那个手受伤的孩子家长，我跟他聊了很久。这些孩子各有各的理由，在办公室里闹得不可开交。没有办法，作为心理老师，我又不可能直接上去骂他们。所以我一个一个地跟他们聊，听他们当时是怎么想的。处理完了之后，第二天有一个老教师跟我说，"你这样也太累了。"他说，"不乖，你对他们就凶一点，你是班主任，要有威严。"当时我有一种茅塞顿开的感觉。 |
| | 教师威严这个事儿是我从来没有想到过的。那个老教师给了我启发。 |
| | 所以我第二天进教室发火了。这也是我觉得这是这个班级对我产生的影响。它把我变成了当初我最讨厌的那种人。 |
| | 进教室，我凶了他们一顿，语气严厉，声音很响。 |
| | 我第一次知道我能发出这么响的声音。 |
| | 其实我基本上从进大学之后就没有发过火。这也是毕业工作后，我第一次在众人面前展现自己这样的状态。 |
| | 我也挺惊讶的，但效果出乎意料，你们能想象到后来会发生什么吗？ |
| | Bailu：发生什么了？<br>Yina：就安静了吗？ |

| 结构 | 脚本 |
|---|---|
| | 老王：这种训孩子的事情会上瘾，它的效果立竿见影。这个时候我突然理解了，为什么当初我犯错时，老师那么生气，会当着所有同学面前去训我。 |
| | 老王：它是有效果的。从强化的角度来说，从那个，我想不起名字叫什么来着？ |
| | Yina：斯金纳吗？ |
| | 老王：对，从行为主义的角度来说，它的强化是非常明显的。吼过一次，班级就安静很久，这给我带来了非常强的掌控感。这个事情之后，我开始每天训他们，持续了一周，这一周所有老师给我的反馈都是，你们班变得好了很多，你们班一下子变好了。 |
| | 但是其实这是一个不能持久的，甚至说不符合心理学的一个状态。 |
| | Yina：对，其实我也想问你这个问题，当你觉得这个事情很爽之后，你认为它是对的吗？它可能效果很好，但它是一个正确的事情吗？ |
| | 老王：我当时看不到。当时在我的眼里，他们变好了，我觉得我做的都是为了他们好。直到那周周五放学的时候，有一个女孩子在回家之前，跑过来和我说："老师，你还要凶多久，你还要生气多久，能不能不要这样子，我觉得好害怕。" |
| | 那个时候我才意识到，原来我变成了当初最不想做的那个人。 |
| | 那两周，我感受到了"坏孩子"和老师，究竟各自是处在一个什么样的状态下的。 |
| | 之后我开始调整，我开始去注意那些"坏孩子"身上的闪光点，这是我接这个班级之后，变化最为剧烈的三周。暴露出的是我个人在班主任经验上的一些不足，同样也暴露出了这些孩子，在表面对我言听计从的情况下，会有很多暗地里的不满，会有很多背后的想法，所以也让我感觉到其实那个高压的状态，对孩子来说确实会造成很不好的影响，他们会把原本那些愿意表露在我面前的情绪藏起来。 |

| 结构 | 脚本 |
|------|------|
|  | 如果不是那个女孩子当时跟我提了一句，如果不是我那时能够稍微自我反思一下，那么可能这个班就会成为另一个在高压下，或爆发或沉默消亡的班级。<br><br>Bailu：就变成一个"高压锅"。<br><br>老王：我当时确实蛮凶的。后来有一个隔壁班的孩子，他跟我说，"王老师，你在发火啊？"<br><br>他当时对我的称谓都变了，他平时叫我老王，但他当时都叫我王老师了。<br><br>他说，"你怎么在你们班这么凶啊？"<br><br>我说，"啊？我很凶吗？"<br><br>他说，"是啊，我们隔着两条走廊都听到了。"<br><br>Bailu：我觉得你经历了三个阶段，第一个阶段是你想重新变成过去的那个自己，跟他们做朋友；第二个阶段是你成为他们的对立面，成为一个威严的、有震慑力的老师，就是另一个极端；第三个是你跟过去的自己和解，你不会变成过去的那个人，也不会成为他们的对立面，而是成为知道他们背后发生过什么，跟他们一起去学习、去进步的一个角色。感觉可以这样理解。 |
| 【第四部分：变化】 | 老王：对，差不多。我接手这个班级一个月的时间里，我个人大概就是这三步的变化。我真正给那些孩子提供一些成长上的帮助，是在国庆节之后了。<br><br>国庆节那周我反思了很多，也给了孩子们一个缓冲的周期。回来之后，我跟其中的几个孩子做了聚焦型的突破。<br><br>这一个学期带下来，我个人最深的体会是我对其中几个和我非常像的孩子，有比较大的影响。<br><br>Yina：也都是那种有比较强的破坏力和影响力的孩子。 |

| 结构 | 脚本 |
|---|---|
|  | 老王：是的，前面提到的那个用手把厚玻璃砸碎的孩子，他很有意思，他也是我觉得在这个学期中变化非常大的一个孩子。<br><br>首先他是班级中所有孩子最害怕的同学，在其他孩子口中，这个孩子很暴力。我觉得跟我当初是非常像的。这个孩子，会因为一些莫名其妙的小事和老师起冲突，和同学起冲突。当自己觉得被冒犯时，他会跟老师争吵，甚至指着老师的鼻子当堂对骂。就那天砸我玻璃时他就指着我骂。这个孩子极端的情绪化的状态，让我觉得他跟我当初非常像。所以国庆后，我第一个找的就是这个孩子。<br><br>我跟他聊了很久，中午聊，大课间聊，有时体育课自由活动，他还会来找我。主要就是聊他当时为什么和这些老师有矛盾起冲突。他的理由是他觉得这些老师一些行为做得有点偏袒。偏袒好学生。例如，同样是跑步，体育老师要求是不允许停地跑5圈，大概就是一千米。我们班班长是男生，班长跑步，中间停下来休息的话，老师就会睁一只眼闭一只眼。他或是另外几名同学，他们跑步时走了几步，老师就会罚他们重跑一圈，他就觉得很不公平。<br><br>Bailu：是不公平啊。<br><br>老王：对，不公正对待，但其实不是他自己受到的，是其他同学。他的正义感非常强，他会觉得我要寻求公正。所以他就会指责老师，而且伸张正义的方式很夸张，会指着老师骂，表述得又不清不楚，说出来就让人觉得很不爽，莫名其妙地冒犯。尤其是我作为老师，我会觉得很受冒犯。又夹杂脏话，又夹杂指责。对我而言，我是很不能接受的。所以就会经常起冲突，其他老师一样。但在这件事情上，我还是表扬了他几个点。<br><br>第一个表扬了他的正义感，这种仗义执言的行为。我表示我看到了，他的出发点是很好的。我让他自己说，在平静的情况下，他这些行为，会存在什么样的问题，他一开始跟我倔强地说，觉得没有问题。 |

| 结构 | 脚本 |
|---|---|
| | 当时在办公室里聊这个话题时，周围有几个老师说，"你觉得你没问题，你这怎么可能没问题呢？"我听了就很想笑，然后我索性把他拉出办公室，到操场上边走边聊。 |
| | 我在操场上告诉他，我说"我觉得你没问题，我跟你是一起的，但是你是不是在表述形式上好像有点不太对？" |
| | 他说，"那我应该怎么说？我这样说我觉得蛮好的呀。" |
| | 我说，"你看，你既没有把事情说清楚，又没有最终解决这个问题。通过这个方式，你最终想干什么？" |
| | 他说，"我想让老师公正地对待我们。" |
| | 我就问，"你达到这个目的了吗？"他想想，确实没有。 |
| | 我就引导他去想，如何才能真正地达到他的目的。后来他逐渐会理解，为什么当时老师请他出去，为什么当时给他这么严厉的处罚，为什么他是为别人出头反而被处罚，他逐渐在理解这些。 |
| | 最关键的是，他从和我对立的状态，逐渐地愿意跟我主动说这个事儿。这个孩子最大的变化发生在我跟他说有问题可以来找我说，你觉得受到不公平对待，你可以跟我说，我可以帮你想想办法，而不是道德上指责你。在学期末时，他因为趴着睡觉被老师要求罚站。他不愿意，因为他没睡，只是趴着记笔记。 |
| | 他死活不肯站起来，眼看着就要爆发了，他强忍住眼泪说"老师，我先到办公室去。"他跑到办公室，小脸通红，眼泪都憋出来了，对我说，"我真的没有睡觉，老师冤枉我了。" |
| | 我当时抱住了他，拍了两下他的背，然后安抚他，"你做得很好，你今天受到了不公正的待遇，但是你忍住了，你没有把你的情绪宣泄出来，而是选择了一个理智的方式，老师看到你成长了。" |
| | 过了几分钟，他情绪平复了，我才带他回教室，说清楚了这件事情。他回到教室，整个人的状态还是很不错的。 |

续表

| 结构 | 脚本 |
|------|------|
| | 所以从这个事情中，我切实地看到了他的成长，他学会了克制自己的情绪，同样，他也学会了理智地去表达自己的情感，包括后来他跟同学虽然还会有冲突，但是至少他开始学会忍耐了，他在学着控制自己的情绪。这是我觉得我影响比较大的一个孩子。<br><br>Yina：有一个点我比较有感触，其实那个阶段的孩子，他最难忍受那种不公正的对待，他对很多事情会非常敏感，而且会放大。<br><br>老王：嗯，他们说我处理得慢。其实一方面，我确实是个慢性子的人。另一个可能就是，每件事情我都想要问到底，都想要像咨询一样深入地挖掘背后可能存在的一些隐情。导致我经常把自己搞到很晚下班，开始确实会挺累的。 |
| 【结尾】 | Yina：我们曾经都有过比较"中二"的岁月，如果单以成绩来看的话，也遇到过很多所谓"坏孩子"，或者说我们可能自己也曾经被当作"坏孩子"过。<br><br>今天非常感谢老王跟我们分享他的故事和经历。其实如果只是对"坏孩子"评价或压制，不会有太大的用处。真正要做的，是看懂孩子为什么会成为"坏孩子"，清楚我们该怎么样去帮助他们，慢慢地把这个"坏"的标签撕下来。说不定以后某些"坏孩子"就会成为现在的老王。<br><br>谢谢老王，谢谢老王跟我们分享你的故事，谢谢。<br><br>老王：谢谢两位主持人。<br><br>Yina：拜拜。 |

　　在第7章中，我们分享了3种常见节目的具体录制流程，及3个完整的案例。不知道你有没有一些感觉了？如果你依然充满热情，那便是一件值得鼓励的事情。播客是值得你更进一步的事情，看看你在下一个阶段中，会有怎样的表现吧。

**1** 策划一个播客节目，包括你的节目名称、节目定位、节目形式、每期时长、更新时间等。

**2** 建立选题库，想到什么感兴趣的话题和想对话的人就立刻放到选题库里。用碎片时间搜集素材，构思选题，串联灵感。

08

# 播客进阶

到这个阶段，相信你对如何做播客已经有了一些感觉，甚至已经完成了几期节目。可能满意，可能有遗憾，可能有困惑。无论如何，走到这一步已经是很大的进步了。

走出新手村，我这里有 4 个锦囊相赠。这 4 个锦囊是我认为在进阶阶段，通过有意识地锻炼和积累，可以让播客得到显著提升的环节。它们分别是：1）持续更新高品质内容；2）不断寻找表达的感觉；3）优化内容设计；4）团队合作。

## 8.1　持续更新高品质内容

第一个锦囊中包含两个关键词：持续更新和高品质。

持续更新和高品质哪个更重要？对于一档好的播客节目来说，都很重要。

有些节目可能比较长效，可以抵御时间的冲蚀，但很多播客节目，更新不到 10 期就停更了，这大概率意味着这档播客节目的生命就这样结束了。

播客节目想要吸引听众，就要让听众形成稳定的预期，什么时候播出，每一期大致多长时间，节目整体是什么风格，都需要明确。听众一旦决定来听，就相当于与主播之间做了约定，他们会在主播更新的时间排开杂务，上线收听。这是颇有仪式感的。

有很多让一档节目无法坚持更新下去的借口，主播能排除万难坚持更新就十分可贵了。有一些方法可以让持续更新变得容易：

1）增加每次录制的节目数量。我尝试过最多一下午录 3 期节目。

如果我们可以一天录8期，那么录完1年的周更节目的内容，大概只需要7天，也就是一周的时间。

2）保持良好的录制状态，保证录制效果和出品效率。

3）选题、邀请嘉宾、录制、后期、上线、运营等工作尽量形成固定的流程，进行流水线操作。

4）组建固定的团队。如果一档节目有明确的团队分工，就可以大大减轻几个人在做节目时的压力。团队中比较重要的角色有主持人搭档、后期、监棚。后期的工作比较耗时耗力，有专门的后期人员是节目稳定持续更新的关键；主持人搭档可以参与讨论选题，能保证选题的多样性，也能碰撞出不一样的火花；录制过程中如果有监棚，那么他可以监督录制过程，把握话题的完成度和录制效果，保证节目的品质。

5）选择成本更低的录制方式。录制过程对录音环境要求会很高，需要做很多隔音处理。如果多人参与录制，就需要每个人的录音条件都达到比较理想的情况，这种录音环境的准备是非常耗费时间和金钱的。我在录制《月球沙发客》时，订的是公司的录音棚，录音棚是花费几十万元打造出来的。节目的效果当然完美，但是录音棚需要预订，需要邀请嘉宾到公司来，也就会有出行的费用和时间问题。总之，准备录制工作是非常麻烦的事情。

后来我们开始用线上多人连麦的方式录制节目，大家可以远程加入，除了嘉宾，还可以有观众参与。整个录制过程只需要敲定时间就可以，非常方便。

## 8.2    不断寻找表达的感觉

有的人说话让人如沐春风,有的人说话让人半天抓不到重点。我们常常评价一个人的谈吐如何,我们会认为表达清晰流畅的人听起来更"顺耳",而口头禅多的人便会使听者体验不太好。我们深知清晰的表达可以在很多方面给自己加分,也能让自己各方面发展得更顺畅。作为一名主播,良好的表达更是需要有意识地注意提升的能力。

比较好的消息是,做主播多练习确实可以提升表达的能力,尤其是表达过程中能快速获得他人的反馈,边实践边纠正。下面我们分享一些提升表达能力的方法。

### 1. 找到对象感

做一档播客节目,没有对象感,会让听众觉得主播讲的时候没有关注到自己的存在,感觉内容不是跟自己说的,和自己无关,或感觉像在听主播的碎碎念。

如果希望节目有更多听众想听、爱听,就要努力做一些调整,让心中有对象存在,让表达有对象感,这样才能让节目有好的效果。

当然也不是说做播客就一定要迎合听众,放弃自我表达的权利,毕竟真诚是播客更本质的吸引力。

《时而散步》的主播六一回忆自己做播客的过程时提到,她觉察到主持人应该有双重身份,一重是自己,另一重是隐藏一部分自我的观众。她对自己的身份有觉察,且知道如何在二者之间进行切换。有时候她是为了观众问的问题,有时候是为了自己问的,这种状态下,她既避免了自己过度暴露而失去对象感，又舒服地表达了自我，成了自己本来的样子。

　　播客已经播出了四期，正在剪辑第五期，这两期都很慢，在听对话的过程中，我听到了自己语气中更多的坦然，面对自己的胆怯、羞愧，我不介意暴露，我接受了当下的状态，我知道自己是流动的状态，我会不断成为自己期望的样子——我本来的样子。

　　不遮掩，不拧巴，不批判。

　　录播客聊天时，我大多介于严谨的文字和无意识的思绪之间的状态，但当我放松时，才更容易聊出内隐的知识。

　　有观点，有自然表达，不是对视频或者逐字稿的僵化想象，有情感传递，有信任，有想象空间。

　　对话之间的思考留白，语言表达时的文字停顿，叹息，沉默，尴尬，大笑，这些都更接近真实，也是播客无法被替代的原因。

　　从邀请嘉宾、准备内容到后期剪辑，我都是用这双重身份去参与的。在剪辑时，听自己的录音，也会有不同收获，把自己当作听众，会更容易理解，也有更多接纳；把嘉宾想象成自己，就更愿意站在对方的角度思考。

　　舒服的对话，是嘉宾和听众的互动，主持人是听众代表，高明的主持人会让对话嘉宾有主体感，让听众有参与感。主持人拥有双重身份，既要串场主持，以自我面对嘉宾，也要借听众的身份来提问，隐藏一部分自我。嘉宾的好状态，就是最好的鼓励。

　　"真实的自我"时而在台前，时而在幕后，有表达也有隐藏，给自己勾勒了一个过渡的空间，这是我的安全地带。

对象感确实是一个抽象的概念，它不是一个知识点，在节目中说出来就行，它是一种表达时的状态和意识，做到了就有了，没有做到就没有。学习对象感的过程像是学习骑自行车，学会了就会了，会就是一瞬间的事情，学会了之后便再也忘不了了。

播音主持专业的老师培养学生的对象感的方法，就是与学生一起坐在录音棚里，在录制过程中，为学生提供强存在感，让他们不得不去注意，最终效果会好很多。

在录制时，要有一种意识，就是带着听众可能会问的问题去聊。要谨记你不是一个人在和嘉宾对谈，很多人都是潜在的对谈参与者。可能你对嘉宾的背景、所要聊的故事是很清楚的，但你要代表不了解这些背景和故事的听众，把问题都问出来，把前后故事都说完整，把重要的细节和生动的情景补充完整，这样听众才会觉得这个故事是说给他自己听的。

除了这种意识，也需要有种投入的状态。在录音棚里录节目，虽然听众当时不在，但在听的时候，双方的状态需要保持同频。如果你说的时候心不在焉，那听众听到的内容也是不聚焦、不深入的。如果你聊的时候情绪和主题不贴，和嘉宾的气场不合，那么提问和回答也会比较生硬。语言的不完美可以通过后期处理，但状态是无法弥补的。所以，主播需要带着对这个话题最大的兴趣和对嘉宾最大的关切走进录音棚，放下自己的其他事情，让自己的"频道"和话题保持一致。甚至还可以对听众更坦诚，让自己和嘉宾的情绪和状态都有所暴露，让听众感受到我们的情感，感受到我们用真诚营造的氛围。这是节目所能传达的最美好的一部分。

现场交流的核心是真诚。知名主持人杨澜在她写的《凭海临风》中提道："在美国，我反复看了奥普拉·温弗里的谈话节目，觉得她成功的秘诀其实非常简单，那就是与观众真诚地交流感情，既敞开自己的心扉，同时设身处地体会他人的苦乐。有一次在讨论关于美国少女被强奸的话题时，她竟全盘托出自己15岁时被摧残的亲身经历。这样的坦率和真诚怎能不打动观众的心呢？她曾经把自己的成功经验归纳为两个字——分享。"

如何获得现场感？最好的方法就是让听众真的在现场，和大家面对面。如果实际空间上实现比较难，可以借助一些App来实现，比如使用多人连麦的房间。《月球沙发客》有一个系列就是故事分享，这个系列会邀请听众一起分享他们的故事。每次都会有十几个听众在线上跟我们分享，同时也陆陆续续有几十个人听故事，这种现场感就自然而然出现了，也就降低了普通人刻意练习现场感的难度。

### 2. 主播角色是什么

如果在你的播客节目中，你是一个主持人，那你需要知道主持人的自我定位应该是什么。

### （1）工具人

第一种定位是把自己当绿叶，当"工具人"。意思是说，在有嘉宾的情况下，主持人最大的工作是让嘉宾输出他的故事，而不是把自己当主角，讲太多自己的观点和故事。主持人的主要工作是让嘉宾感到受欢迎并认可谈话氛围，同时也要提出清晰的、切到点的、嘉宾愿意和大家敞开分享的问题。针对嘉宾分享的内容，主持人要极有兴趣地去倾听并做出适当的回应，包括观点上的赞同、疑问，情感上的安慰、支持。

### （2）人设

长期收听一档节目，听众会对主持人的人设产生期待。有人设也是成功的重要因素之一。让听众感受到的人格，在网络中常被说成是"立人设"。那么，要不要立人设，以及立什么样的人设，是主播应当认真思考的问题。

如果要提升节目的质量，那么一定要立人设。一方面，人设可以让嘉宾和主持人的互动更有氛围；另一方面，同一个嘉宾去其他节目的互动和在这档节目的互动的差异性，也是这档节目的特别竞争力。听众会因为你的人设记住你、喜欢你、信任你。但是，人设不是刻意生造的，而是把你自身本来有的特质放大。也就是说，在你的节目中做自己、突出自己的特质，才能让你的人设持久立住。

### （3）寻找榜样

刚开始做《月球沙发客》节目时，我的小伙伴建议我应该像杨澜和叶文一样，表现出她们那样的风格。当时没有经验的我，就努力往那个方向靠，过程很痛苦。我很欣赏杨澜的优秀、叶文的独特风格，但我在她们身上没有找到自己认同的感觉。我成不了她们，因为我不是她们那样的人，我应该去找适合自己的主持人榜样。

我搜寻记忆中印象深刻的、我有认同感的传统电视节目主持人。我曾经很喜欢《挑战主持人》这档节目，并对那个在台上说"你可能委屈，也可能不服，但你被淘汰了。"的主持人一直抱有好感。他主持了过去几年中很受年轻人欢迎的综艺《奇葩说》，以及后来很火的《乐队的夏天》和《一年一度喜剧大赛》，他就是马东。

我认同马东的地方在于：

1）他很机智，语言风趣幽默。

2）不止于抖机灵、抖包袱，他心中还有一杆秤，遇到"歪三观"的观点就毒舌针砭，看见脆弱的心灵就温柔安慰。

3）给其他人的表达创造自然放松的平台和空间。

4）相对包容开放，可以让各种有个性的人在他的舞台上绽放。

5）让搭档也更有魅力，我对《奇葩说》里的蔡康永的喜爱，远远大于对《康熙来了》里的蔡康永的喜爱。

6）他说"被误解是表达者的宿命"，这句话让我对表达者充满敬意，并给了我表达的勇气。

他做到的每一个高度，都是我的标杆。他说的那句给表达者的话，都提醒我在表达时要时刻拿捏尺度。做播客，进行内容创作，说到底是成为自己想成为的人。你也可以去找寻这样的目标人物，去模仿，去内化，朝目标靠近。

### 3. 解决口头禅

如果不做节目，不去注意自己日常说话的习惯，可能不会知道自己最高频使用的语气词是什么。日常表达用的很多语气词是无意识的，做节目时会浮现出来，如"啧""嗯""啊""然后"等。

这些词在日常表达中出现是正常的，但是在节目中出现就会显得特别突兀，听感也比较差。有两种方法可以处理这种问题。

第一种方法就是剪辑，把这些口头禅全部剪掉。当然了，剪辑是苦活，成本会比较高。这里也有一个小技巧可以帮助节省一些时间——在云剪辑中搜索这些常见口头禅词，然后全部删除，就可以比较高效地剪掉了。

但我们最推荐的方法，还是去提升自己表达的流畅度，在节目中减少这些口头禅出现的概率。有意识地注意自己的表达习惯，一方面会让剪辑轻松一些，另一方面也是对自己的锻炼，让自己在日常表达中，能更简练、更得体。

## 8.3　优化内容设计

### 1. 讲好一个故事

有经验的播客深知，一个主播也是一个好的故事讲述者。音频故事讲述具有独特的魅力。人声音的原始魅力、亲密感、对话感是音频故事吸引听众的根本。

*Serial* 的制作人 Ira Glass 说："人们在情感上与播客的深入联系超过其他媒介，播客更好地体现了这种听众与故事讲述者之间的情感联系。"

NPR（National Public Radio）的 CEO Jarl Mohn 说："播客的复兴告诉我们，我们最需要做的就是讲好音频故事，通过长的、节奏慢的、不花里胡哨但有思想的故事，我们仍然可以吸引年轻的听众。"

NPR 的高级副总裁 Anya Grundmann 说："我们 NPR 人的自我定

位是讲故事的人。"

### （1）声音故事的吸引力

为什么故事对于播客来说很重要？因为任何文化、年龄、背景的听众都喜欢听故事。因为讲故事、听故事、分享故事是我们基于社会交往的本能需求。作为一种人类信息的载体，故事不仅强大，而且历史深远，不仅限于某个民族或者某种文化。

1）讲故事是人类最古老的仪式之一。日落之后，大家做完一天的事情，吃过饭，老人们会让小孩子们围拢过来，围着篝火，以正式或者非正式的结构讲述故事。

讲好一个故事能引人入胜，但是能围着夜晚的篝火讲故事才是最美妙的。人类喜欢在晚上讲故事。那么，为什么黑夜会让故事变得更加生动诱人？晚上心理和氛围合适，有利于讲故事者影响听众的情绪。故事中讲的很多是神话人物，在白天讲不太可信。这些故事需要一些不确定的阴影，让我们感受到危险（自然天敌或他人的劫掠）带来的脆弱感。

2）在一起听故事，人与人之间就产生了社会交往和社会联结。发现彼此之间有共同的知识与信息，可以让人们建立一种即时的联结，并与人群中的其他人区别开来。

人类的语言能让我们做出重要的承诺："我觉得你太有趣了，我愿意与你聊天。"语言的进化能让我们整合大量的社会关系，这个作用是通过我们交流不在场者的信息实现的。换句话说，通过与一个人聊天，我们可以知道其他人如何行动，知道在遇到这些人时应该如何应对，以及他们和第三方有着怎样的关系。所有这些让我们得以在群体内更有效率地整合社会关系。这在庞大而分散的组织里尤为重要，庞大而分散正是现代人类的特点。

3）故事能让我们了解不在场者的信息，让我们获得自己以外的知识。很多故事与我们自己的身世和我们所处的社会有关。这些故事也是我们的"学校"，我们以这种方式，把历史、文化和律法背负起来并与之同行。

共同的知识本身就是社会成员的重要标志。通过对故事的共鸣，我们愿意进行一些必要的交流。我们有共同的世界观，遵循着同一套行为准则。

4）故事是有疗愈能力的叙事方式。个体叙事没有那么强的公共性，其更大程度上的作用是让听众听到不同人的生活方式。如果听到和自己相似的，我们就会觉得自己不是孤独的，人类的悲欢可以相通；而如果听到有很大差异性的，我们便会看到世界的多样性，了解到生活有不同可能。

创作这样的节目，分享自己的故事，和人聊他们的故事，本身是特别的疗愈体验。讲述本身就具有天然的治愈力量。有些播客会说，播客的聊天，是话疗。

前面提到过，《月球沙发客》做过一个系列栏目，就是邀请听众分享故事。我们做的第一个主题是"三件好事"的幸福练习。我们在公开的多人连麦房间里开展，邀请大家上麦，每个上麦的人都分享三件近期进行得很顺利的事情，并且说明为什么能顺利进行。

后来我们发现这种故事分享非常有治愈性，每次分享的氛围都极其温馨。所以同样的主题，我们持续开展过好多期。

这种做法受到很多心理咨询师也会用的叙事疗法的启发。在和心理咨询师史秀雄聊的一期节目中，他提到了叙事疗法的作用，提到了他在心理咨询时也会鼓励案主写下自己的生命故事来治愈自己生命中不可改变但可以重建其意义的伤痛。他提到，个人成长史是影响人生的重要事件之一。他也介绍身边的人尝试写下自己的个人成长史，得到的反馈普遍是做这件事情有很大的益处。

我的主持搭档，以及我们的嘉宾大侠，也在研究生阶段写过这样的叙事作业。大侠当时用风筝描述自己和母亲的关系，她在写自己生命叙事的过程中，完成了与母亲的和解。她的老师夏林清有一句话我非常喜欢，也成了我们那期节目的标题《家像容器，家中人人皆独特殊异》。

叙事疗法理论认为权力和知识建构了人们所认为的客观事实，运用问题外化、解构等叙事技巧认识问题或伤痛被建构的原因，才能通过自我的自由述说重构故事，收获改变和成长。叙事通常通过以下途径帮助人们解决困难：

1）帮助人们把自己的生活及与他人的关系从他们认为的那种"压榨生命"的知识和故事中区分出来。

2）帮助人们挑战他们感到压抑的生活方式。

3）鼓励人们根据更倾向关于自我的故事来重新塑造自己的生活。

通过自由述说自己的生命故事，人们可以摆脱桎梏努力前行，最终遇见完整、美好的自己。故事没有好坏之分，目的是到自己心底里去，让你成为自己的中心。

### （2）故事的经典模型

故事的经典模型之一是坎贝尔的英雄故事。他提取了很多经典故事的共同结构，总结出这些经典故事本质上讲的就是一个英雄的旅程——英雄经历了苦难，获得了胜利，把发现的智慧、经验，或者是能给人们带来帮助的其他东西带来。

英雄故事可以分成3幕，共17个阶段：

第一幕，出发。冒险的召唤、拒绝号召、超自然的援助、跨越门槛、鲸鱼之腹。

第二幕，开始。试炼之路、与女神见面、女人的诱惑、与父亲的赎罪、神格化、最终恩惠。

第三幕，回归。拒绝回归、神奇飞行、外界救援、跨越回归门槛、两个世界的主人、自由生活。

很多作家也分析并借鉴了坎贝尔的经典模型。电视剧《瑞克和莫迪》的主创丹·哈蒙把经典的结构提炼为更简单的故事圈，简化为8个循环流程：1）一个角色在熟悉的舒适圈；2）他们渴望某种东西；3）他们进入一个陌生的环境；4）他们适应了这种状况；5）他们得到了他们想要的；6）他们为此付出了沉重的代价；7）他们又回到熟悉的环境中；8）他们因为这次旅程发生了变化。

这个流程可以浓缩为8个词：你、需要、行动、寻找、找到、获取、回归、改变。

再简单理解这8个词，可以用一句话概括故事的结构：有一个"主角"，他遇到了"复杂的问题"，然后找到了"解决方法"。

比如第7章的案例《"问题班"的故事，"坏孩子"遇上"坏老师"》里，主人公老王遇到的复杂问题是接手"史上最差的班级"。他用了很多方法去解决这些问题，有失败的，也有错误的，但最后他用接纳、理解改变了孩子们的行为，也改善了班级的氛围。

需要注意的是，故事给我们带来的不仅仅是"英雄之旅"的戏剧性情节，除了主人公解决的困难和在他身上发生的改变，真正打动人心的应该是他是如何改变的，他的心路历程是怎样的。我们会被外在的变化吸引，但我们更在意的是内在的旅程。老王改变了"坏孩子"是一件普通的事情，但老王为什么能够改变"坏孩子"，他经历过的事情如何让他理解"坏孩子"的内心世界，他又是如何面对过去更坏的自己的，这是老王改变"坏孩子"的各种尝试中最触动人心的。

**（3）讲好故事的4个关键要素**

好故事是怎样的？回想你听过的那么多故事，哪些故事让你印象深刻？好的故事应该有丰富立体的角色，有曲折、扣人心弦的经历，有意味深长的结局。

用声音如何呈现一个好故事？声音讲故事有什么基本的方法和技巧？对一个音频故事来说，我认为好故事得有以下4个关键要素：

1）人物角色的表述状态。一个故事成功的关键，是讲述者能在讲述中真诚、自然地把自己的故事说出来。讲到有触动的地方，其语音和语调会有相应的变化，这种变化会感染听众。

那如何引导讲述者很自然、情真意切地说出自己的故事呢？我的答案是认真地倾听讲述者的故事，让讲述者有很强的安全感，完全放松下来。故事的生动之处，背后往往有不为人觉察的细节和情绪。有安全感的氛围可以让讲述者感觉自己是被接纳的，他可以真诚而又开放地讲述。

我和Bailu录《月球沙发客》时，有一段时间是在录音棚录制的。录制过程中我们发现，环境中的物件，如灯光、座椅等，都会影响到录制状态。所以我们就会把灯光调暗，甚至会脱鞋盘腿坐在椅子上面，用自己舒服的方式去录制，确保讲述的状态是流畅的。而且在讲述过程当中我们比较愿意分享自己真实的体验和感受，我们会跟嘉宾说，觉得不合适公开的内容，可以录制结束后跟我们说明，我们会剪掉。因此嘉宾是很信任我们的，很愿意放开自己。

2）用声音描述场景画面。嘉宾可能有表达欲，但嘉宾不是天生的故事家，可能也没有受过很多专业训练，所以组织的语言是不太流畅的。怎么让这些"平凡的人"讲述一个丰富迷人的故事呢？我有一个简单的方法，可以在采访中引导出嘉宾的情感，并且让故事变得更生动。这个方法就是在采访过程中，借用画面的工具，挖掘嘉宾记忆中没有分享过的细节。

一般大家第一次分享一个故事，会按照时间顺序来陈述，包括发生了什么、发生在谁身上、怎么结束的等内容，但是大部分故事都不够深入。我们可以引导他们像描述一张照片一样去描述这些时刻，捕捉精彩的瞬间。

让他们回忆并描述细节，在得到他们的回应后再去追问更多细节。除此之外，还可以去挖掘他们自身的细节，比如，在那一刻他们感觉到了什么，他们在想什么，是不是有一些气味或者其他记忆点等，让他们通过不同的角度一遍又一遍地回忆那些关键场景。可以问他们在那个时刻所有的感官，问他们当时是冷还是热？有没有什么味道？外面亮吗？还是很暗？有什么声音和音乐？是不是当时有对自己说些什么？

3）丰富的细节。播客节目的信息要素是通过听觉传递的，没有视觉那么直观，因此在收集信息时要注意收集那些具体的、可以感知的细节。法国哲学家艾伦说："抽象的风格总是不好的，在你的句子里应该全是石头金属、椅子桌子、女人男人。"节目里传递这些具体的形象，听众的脑海里也就会描绘出一幅幅画面了。

在第7章的故事案例中，老王讲事件时，会比较详细地描述一些事物的细节，如"办公室桌前有一块完整的长方形的玻璃，大概有5毫米厚，是比较厚的那种磨砂玻璃"，这会让我们对这些事情的感受更深刻。

4）声音运用。声音是音频播客的全部信息载体。想要在叙述故事中实现情境化的表达，就要有现代声音思维，利用各种声音元素构建出景观世界。这不仅要依靠饱满的有声语言，也需要充分发挥音响和音乐的作用。

有声语言是占据主导地位的声音元素，包括主持人的解说词和采访问题、嘉宾的现场及电话回应等。有声语言在故事中承担了叙事、解释和说明的重要作用，它可以帮助推进故事情节，表达嘉宾的心情、价值观等。

构建故事播客的声音景观还需要有另外两种声音元素：音响和音乐。音响元素的类型丰富，采集故事时如果有现场收音，收录的音效素材和环境声也可以充分使用，让听众可以通过这些音响元素进入故事现场。

技术的进步让音响效果的层次感越来越好，各种音响元素都能在声音场景中拥有自己的位置。随着故事的编排策划愈加丰富，音响元素也能发挥更大的效果，给听众带来更沉浸的体验。

音乐在声音景观中主要负责渲染气氛和转场。使用的音乐要契合故事内容，不能喧宾夺主，点到为止即可。

综合运用这些声音元素，可以为故事塑造出引人入胜的情景，增强听众对故事的印象，提升听众的收听体验。

举例说明，第7章故事案例在几个地方用到了配乐。

第一个地方是在9分钟左右，这是剧情的一个重要转折点，老王在当下的环境中，回想自己的过去。这个过渡阶段使用了一小段音乐，帮助听众转换自己的思绪，准备进入下一个叙事场景。


Yina：这样一个班级，对你来说是有不一样的意义的，它让你看到了你过去的自己。你和其他班主任对他们是有不同的感受的，对吧？

老王：是，有几方面的因素在，第一个我是非学科教师，我没有成绩压力。成绩不会主导我对学生们最直观的评价。在这方面，我跟其他的班主任会不太一样。

第二个就是你刚刚说到的，我可能看到的是我自己的成长经历。所以，我的心态相对来说会更加地放平一些，没有说一定要抓什么问题。

第三个是，我是心理老师，我可能更能理解他们一些。

Yina：我比较好奇，老王以前是个怎么样的"坏孩子"呢？现在我们看到老王是一个看上去非常温柔，很平和，很好的一个形象，比较难和"坏孩子"的形象挂钩。

老王：现在回想起来，我当初确实是蛮过分的。我说几个例子吧。

因为就近入学，所以我的小学和初中同学几乎是同一批人。所以他们都是比较了解小时候的我的，他们就总会说"老王来了，最坏的那个人来了"。

## 2. 大纲设计

大部分情况下，我们是需要在节目录制之前备稿的。也有一些情况下，备稿工作会放在制作环节——前期先录制好所有的素材，根据素材准备稿子，按稿子剪辑并呈现最终节目。

我们要怎样准备稿子？什么样的稿子会有比较好的效果？有些组织语言的模型，比较符合人们的认知规律。用这些模型准备大纲，也能提升表达的流畅度。

### （1）5W2H模型

观点型或知识型的大纲，可以用5W2H模型展开。5W2H有7个元素，分别是：是什么（What）、为什么（Why）、是谁（Who）、什么时候（When）、在哪里（Where）、怎么做（How）、做到什么程度（How much）。

5W2H可以成为绝大多数节目的起点。如果能围绕5W2H提问，并且有进一步的补充，是可以把一件事说透彻的。实际上，主播如果能够讲透5W2H中的三四个元素，就能给听众足够的信息量。

### （2）4句话模型

如果5W2H过于平淡，无法给听众带来足够吸引力的话，我们还可以参考美国公共演讲专家理查德先生提出的4个提示信号，它们是：

1）喂，请注意！（开头就激起听众的兴趣）

2）为何要费口舌？（进而强调话题的重要性）

3）举例子。（形象化地将一个个论点刻在听众脑海中）

4）怎么办？（具体地讲大家该做些什么或怎么做）

这种模型通常以吸睛、抓耳朵的悬念开头，然后围绕某一个要点展开论证，讲故事，给建议，一环扣一环，衔接紧凑。观点加案例，"标题党"加论证，通俗表述加价值提升。能够围绕一个点把这些都提到，就可以达到很好的传播效果。

### （3）故事模型

讲故事或经历的节目适合以时间为线索撰写大纲。例如，用"开头—发展—结尾"这样的格式。如果想要做一些叙事结构的创新，可以调整时间结构，例如，用"现在—过去—现在"的格式。总之，故事模型的核心就是，以时间为关键路标，提示听众故事的进程。

### 3. 互动技巧

#### （1）如何开场

开场语是节目刚开始时说的话，它的内容直接影响着听众对节目的第一印象。一般来说，听众会在听完开场语之后决定要不要继续听下去，因此，开场的重要性不言而喻。

开场语主要有两个作用，即确立节目的主题与基调和让听众对节目产生期待。

开场语一般分为以下几种模式：

1）开门见山式。主持人用三言两语的开场语引入节目。主持人通过简要的讲述交代话题由来和相关背景，预设节目的基调。

2）引发好奇式。主持人用带有悬念感或质疑性的言语，构筑一个能带动听众积极参与并思考的"思维场"。

3）情绪渲染式。主持人抒发情感，用自己的情感"点燃"听众的情感，让气氛活跃起来，并确定节目基调。这种模式下，主持人就像是我们常开玩笑说的"气氛组"成员，有他们在，气氛就活了。

4）迂回入题式。主持人借助相关或不太相关的内容，预设某种前提并调动听众的兴趣，使听众不知不觉地沉浸在节目中。

#### （2）提问技巧

著名节目主持人杨澜曾说："我以提问为生。"她认为，善于提问，是"节目走向成功的第一步"。

提问是访谈类节目中最具技巧性、趣味性的环节。主持人需要在短时间内，尽可能多地挖掘人物或事件的信息。问题既要保证既定内容的完整度和完成度，不能偏离大纲，又要有和嘉宾即兴互动的趣味性，营造轻松、随意的氛围。这种不经意时刻的表达，最能够体现主播的人格魅力和智慧，也正是这种人和人之间互动碰撞出来的火花，才更容易引起听众的共鸣，让他们愿意收听和评论。

主持人麦克·华莱士在美国哥伦比亚广播公司的名牌节目《60分钟》中采访邓小平时，一共问了十几个问题，但他在节目开始前，准备了一百多个问题。这些问题，让他可以准确且自然地找到现场提问的时机和切入角度。

最主要的提问技巧是开门见山直接问和帮听众提问。

1）开门见山直接问。直奔主题，直接发问，这是获取信息时最常用的提问方式。

新手主持人面对嘉宾时，往往不够自信，害怕冒犯到嘉宾，也有的组织语言不够敏捷，提问题之前会做很多铺垫。对听众来说，他们听到这么长的铺垫是会着急的，急于了解主持人到底想问什么。

《鲁豫有约》的主持人陈鲁豫在采访过程中使用的"真的吗？""我不信"等句式，成了互联网广为传播的"经典梗"。经过一些网友的二次创作，这两句话听着好像有点儿搞笑，但放到提问场景中，这两句话字数虽少，却能抓关键、切重点、引发听众好奇，是很高效的提问方法。

2）帮听众提问。主持人向嘉宾提问，不仅仅是为了解答自己的疑惑，也是在替听众问他们可能感兴趣的问题。在节目录制之前，可以有意识地搜集听众想问的问题；在访谈过程中，也需要站在听众的角度，思考听众会不会还没有理解，是不是还想继续追问。带着这样的技巧，我们可以把问题列得尽可能全面，甚至可以问一些对立的问题，让关键内容得到充分讨论。

尤其是当主持人和嘉宾对话题都很熟悉时，很多内容双方都很了解，但听众通常没有类似的知识背景，这就需要主持人先有意识地替听众问一些基础问题，再补充问自己的问题。

这两种方式可以覆盖绝大多数场景。在谈话中，不同类型、不同级别的采访对象会有不同的配合度，有的会谈得很冷，谈不下去，有的会谈到完全停不下来，甚至变成单向输出。面对这些情况，我们能做的还是多做功课，准备出好问题。控场能力会随着经验的增长越来越好。

### （3）反馈和互动

在交流过程中，我们都希望能有好的内容产出，并能维持好的谈话氛围，以下几个技巧，供大家参考：

1）用探询的方式交流，引发大家的思考。在各种节目中，主持人面对问题时很少会给出"非常肯定"的结论，他们经常在探询式的交流中得出结论。比如"是不是这样呢？""不是……那么是不是这样呢？""也许是……"。

2）运用垫话、补说进行即兴交流。垫话就是"接话茬儿"。一般情况下，"接话茬儿"是不礼貌的，但是当对方的话语表达出现"卡壳儿"时，主持人运用语脉接引的方法做接语式的衔接，以补救对方表达的困惑和尴尬，这是一种饱含热诚的交流。另外，主持人用几句简洁的话可以帮助对方做必要的修正或补充，这样的补说可以缓解困顿的情绪，给对方一个台阶，也可以维系应有的节目气氛。

3）用"倾听"和"回馈语"交流。在主持节目的过程中，主持人除了运用话语和听众、嘉宾交流，还经常会运用"倾听"的能力。

倾听有4个层次：第一个层次是下载式倾听，只有我的存在，只听"我想听到的"；第二个层次是事实式倾听，大我小你，听是为了质疑和挑战，证明我是对的；第三个层次是同理式倾听，小我大你，听是为了不断探索背后的原因；第四个层次是生成式倾听，无我无你，听，并与嘉宾共同明确观点。

听是角色化的主持行为，所以不应是默不作声地听，及时的回馈语是重要的，我们要通过回馈语让对方知道自己在听，并推动节目的进程。

举个例子，阳志平老师在播客直播中遇到学生提问或描述自己遇到的情况时，几乎学生的每句话他都会很坚定地用"嗯"回应，并且能让人感觉到这个"嗯"特别有能量。通常学生也会因为他的回应而越发受到鼓舞，更热切地分享自己的故事和感受，然后阳老师就会帮学生分析问题的关键是什么，该如何理性地思考等。

4）以"我"的介入实现"真情面对"的交流。在所有的交流中，这是最有效的交流，也是节目"人格化传播"的体现。主持人不能超然于节目之外，以"我"为话由，用质朴的表述融入节目，可以引起共鸣。当然，"我"的介入不是"自我突出""自我放大"，把"我"摆进去，是为了与听众进行完全平等的交流。但是，听众是节目的核心，主持人要注意控制"我"这个词出现的频率，出现过多，可能会引发听众的抵触心理，主持人可以适当地用"我们"使之淡化。

《时而散步》的嘉宾曾经这样点评被六一采访的感受。访谈也是一个嘉宾挖掘自我的过程，主持人引导得好很重要，这一点她做得很棒。她会一直在共情和理解嘉宾，在这个过程中，不仅让嘉宾不断地打开自己，还能明显感觉到在对谈的过程中，不断地对自己有更进一步的了解。

## 8.4　团队合作

### 1. 主持搭档

做主持人，有一个合拍的搭档很重要。二人或者多人主持时，人设与观点的碰撞会产生化学反应，增添节目基调的丰富性。

不同的主持人，所需要承担的角色应该是有差异的。总的来说，主持人需要承担以下几个责任：

#### （1）选题

选题是节目初期最需要思考的事情，体现了节目创作团队对于内容方向的思考。多一个人参与选题，可以增加选题的来源，也可以让选题的质量更有保证。

#### （2）和嘉宾沟通

和嘉宾顺利沟通是保障节目录制效果的重要前提。沟通环节，需要让嘉宾了解自己需要准备什么以及如何保持好的录制状态，并会对节目组产生信任。另外，有的嘉宾和节目的听众可能是在相近的圈层里的，和嘉宾保持友好的沟通，建立信任的关系，也有助于节目邀约后续的嘉宾。

### （3）访谈大纲和问题准备

在节目过程中，每个主持人的问题都有其独到的视角，多一个人提问，覆盖到的话题角度就会丰富一些，就能击中更多听众的兴趣点。而且，提问是节目内容的一部分，是节目准备阶段最需要花精力的环节。

### （4）互动和气氛

录制节目时，只聊内容会让气氛过于紧张，增加一些互动环节，可以让节目的节奏有张有弛。如果团队人多，可以考虑设置气氛组，气氛组不需要考虑干货、输出内容，重点工作就是让气氛松弛，可以讲一些梗和段子。大部分听众无法专注地听沉重、严肃带有教化意味的内容，有气氛组的调和，可以让"营养"更容易被听众吸收。

主持搭档可以是配合默契风格类似型，但听众的感觉会比较单一；也可以是互补型，有风格差异，各自发挥不同的价值和作用。不过，互补型组合往往在合作上需要有一个磨合的过程。比如，在话题选择上，大家的兴趣点和对节目的理解有可能不一致，需要探讨的地方有很多。又如，在主持过程中，各自扮演的角色、出现问题时的补救方式等方面，需要多磨合讨论。

某种程度上，两个主持人像合伙人，两人目标一致，且都感觉对方靠谱，愿意和对方持久协作。当两人配合默契时，气氛就会非常愉快。

### 2. 后期支持

后期制作是整个节目制作过程中最为耗时耗力的环节。如果有专门的人员负责后期制作，那么就能保证更新频率的稳定。

后期的风格与习惯是千人千剪的，录制的素材可以通过不同的剪辑逻辑获得不同的效果。因此，与后期人员的沟通就很重要，叙事的逻辑是怎样的，有哪些希望保留的片段，希望是流畅优先还是状态优先，等等，这些都需要沟通好，否则会影响剪辑时的决策。

如果是故事型节目，后期更是二次创作的过程，后期时能与主播沟通对故事和内容的理解，会让后期人员对节目的制作有更进一步的思考和发挥空间。

## 8.5　注意版权风险

最后，一个成熟的主播需要知道做播客节目的风险。作为原创者，最核心的是与版权有关的问题。

做播客是创作行为，在提及他人作品时，需要注意规避版权的风险。以朗读内容为主题的节目，需要选择公版内容或者获得作者授权；使用音乐配乐时也需要注意，有些有版权的音乐作品，例如音乐平台的会员内容，是不可以使用的；设计封面时，尽量使用自己的原创设计，如果使用在网上搜索的图片，也需要注意图片的授权问题。

同理，你的声音内容也是受到法律保护的。

《中华人民共和国著作权法》明确规定了对口述作品和视听作品的著作权保护，这为国内网络音频版权规范和保护提供了法律支撑和依据。而今，国内互联网版权环境正在向正规化、有序化发展，企业的维权意识也在逐步地提升。

如果需要，可以申请作品的著作权，并进行登记。有了版权证明，可以在被侵权时有效保护自己的权益。著作权申请入口如图8-1所示。

图8-1　著作权申请入口

另外，播客虽然是自由的表达形式，但依然需要遵守法律法规，在合法的前提下完成创作。

1　策划 5 个以上的播客选题。评估每个选题，选出你最想录制的选题，并跟你身边的朋友搜集反馈，了解这个选题下他们想听的内容及想听的原因。

2　设立更新的小目标，建议两周更新一次。日更是超人，周更有压力，月更间隔太长，双周更更符合播客收听节奏。

3　加入播客社群，和其他主播互动。搜集做好节目的技巧和案例，丰富知识体系，灵活运用。

09

播客运营

节目逐渐步入正轨之后，要想更多用户来收听，需要我们做哪些工作呢？

如果你要开一家咖啡店，那你首先会考虑的核心问题是选址。选址决定客流量的大小，有足够多的人路过这家店，才可能有客人来买你的咖啡。所以咖啡店一般会开在人气旺、客流量大的地方，例如十字路口或者商圈入口。

有了客流量保证，就有了消费者购买你咖啡的预期。那如何保证一直有客人来，并且越来越多呢？这时候，你需要有好口碑，保证客人的留存。比如你的咖啡好喝，客人天天买；咖啡店环境很安静，客人习惯在这里处理事情；周边氛围美好，客人喜欢和朋友边喝边聊天。客人喜欢在朋友圈打卡记录你的咖啡，线上也带来了慕名而来的新客人……有了这些，你的咖啡就可以持续卖下去，这个小店的生意就可以持续。

网上运营内容原理类似。节目会被多少人看到、点击、收听、订阅，涨粉、付费、愿意消费的金额是多少，会不会有复购？复购比例如何？这一系列的数据漏斗转化，就是在网络世界运营内容需要关注的指标。

如果你投入时间和精力认真制作自己的播客节目，希望会有更多人喜欢，也希望后续能够通过它赚钱，或者间接帮助发展自己的职业，那我们需要考虑认真经营节目，需要有意识关注节目数据、节目推广、用户活跃、用户价值等。我们把这些事项放到一个大篮子里，叫播客运营。

## 9.1　运营视角看节目的成长

节目运营和制作视角不太一样，制作偏内部视角，看到的是我做了一档什么节目，它讲的是什么内容；而运营偏外部视角，是考虑用户是谁，会对这档节目有怎样的回应。

运营角色类似内容产品经理。从内容产品经理的视角看节目，你会发现你的内容已经不再停留于自我表达，它具有被别人消费的属性。内容信息密度交付的价值感和获得感、内容调性带来的审美体验、有趣的选题角度激发的好奇心、持续更新带来的陪伴，都是用户消费的理由。他们可能用时间精力来消费，收听你的节目；可能用情绪感情来消费，为你的节目打分、写评论、分享、推荐；甚至是用金钱消费，买你的付费节目，购买你推荐的周边。

### 1. AARRR模型

产品有一个常用模型，可以帮助你检视整个用户运营流程，这个模型叫 AARRR 模型。AARRR 分别代表了 5 个单词：获取（Acquisition）、激活（Activation）、存留（Retention）、收益（Revenue）、推荐（Referral）。这个模型的意思是你的产品在不同的生命周期会经历这 5 个阶段。

1）获取：用户从不同渠道了解到你的产品。

2）激活：用户使用了你的产品，并有良好体验。

3）存留：用户回来继续不断地使用你的产品。

4）收益：用户在你的产品上有了消费行为，你获取了收益。

5）推荐：用户推荐或引导他人来使用你的产品。

基于这个模型，就会形成一个漏斗，层层过滤。在曝光—点击—收听—持续收听—消费这个过程中，用户不断进来，但每个环节都会因为种种原因有所流失：有些是对主题话题不感兴趣；有些是觉得调性不符合自己偏好，有些则是没有时间和精力，有些是因为有更好的选择。

最后，每个漏斗都留下了一些用户。节目一期一期地和用户产生联系，用户则会慢慢积累变多，用户甚至会把你推荐给其他用户。

有没有人来听我的节目？节目到底好不好？有没有用户喜欢？这些问题可以从专业和经验的角度评估，但以数据评估最为直接透明。基于这样的模型，我们评估整个运营过程就有以下3层指标体系：

1）推广效果转化。这部分数据是说你在这个过程中获取了多少曝光？在什么场景曝光？有多少人点击？从中转化了多少收听？曝光到点击，以及点击到收听的转化率是怎样的？这部分数据考核的主要是节目包装，封面和标题是不是能有效引起用户关注？除此之外，选题以及曝光人群是否精准，也会影响转化率。

2）节目质量评估。这部分节目数据是说你的节目是不是真被用户喜欢？被多少用户喜欢？有多喜欢？评估节目质量的数据，可以看用户收听行为。比如说，多少人听过，听了多少时间？是听了一会儿就跳出去了，还是会听得比较久，甚至全部听完？这些用户行为数据可以真实反映他们对节目的评价。

3）用户行为分析。这部分数据，是了解收听你节目的用户是怎样的？主要是男性还是女性？生活在什么地域？是什么社会角色？你的节目在 ta 生活中是怎样的存在？他们对你是否热情，是否会给你留言、评论、点赞？你不一定认识听你的节目的用户，但是通过用户方面的数据，你可以大概描绘用户的形象，增加对他们的了解。

### 2. 核心数据指标

我们需要关心数据的哪些维度？不同维度之间如何关联？不同的数据指标是什么意思，如何解读？怎么看待数据的变化？如何对数据的结果进行归因？以下是分享如何通过平台创作中心查看关键核心数据。

在喜马拉雅创作中心里，可以看到节目的详细数据，如图 9-1 和图 9-2 所示。

图9-1　喜马拉雅创作中心数据查阅入口

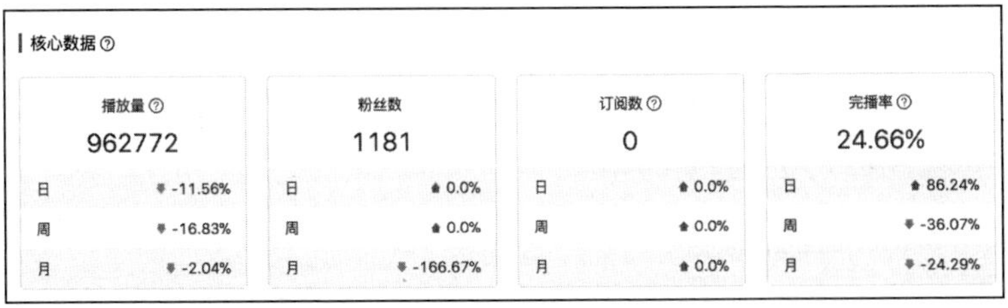

图9-2　喜马拉雅创作中心核心数据展示

下面详细说明这些数据，以帮助你更好地分析自己的节目质量，理解自己的用户。

1）播放量

播放量是指一期节目或一张专辑被收听的次数。这是评价内容——尤其是专辑标题、话题内容和包装——是否受欢迎的最直接指标。听众想判断哪期节目值得听，会直接看累计播放量；广告主想知道哪个节目值得投放，会直接关注近期节目的平均单期播放量。

2）完播率

用户被标题吸引点进来收听，如果发现讲得很糟，就会退出。这时播放量会被记录，但很显然用户并不喜欢这期节目，虽然他听了，但是收听时间特别短。所以评价一期节目的质量，还需要补充完播率这类指标，来考量这期节目是否真的吸引到了用户。

3）订阅量

订阅量是指有多少用户在订阅节目。订阅后，节目更新，用户就可以收到更新提示，并在第一时间收听节目。订阅说明用户关注，期待更新。订阅量越多，每期节目的潜在播放量也就越多。

4）粉丝量

粉丝量是有多少用户因为订阅了节目而关注了主播本人。它是"网红"硬指标，也是想通过播客获得收入必须关注的指标。但粉丝量和播放量一样，是颗粒度较大的指标，粉丝中的真爱粉，才可能真的是喜欢你、愿意为你的内容买单的群体。所以除了粉丝量，也需要关注粉丝的反馈，比如每期节目的评论。评论中提到的质量、态度等问题是节目效果最直观的反馈。

在喜马拉雅创作中心，可以通过数据分析功能看到更立体、更详细的数据及趋势，如图9-3所示。

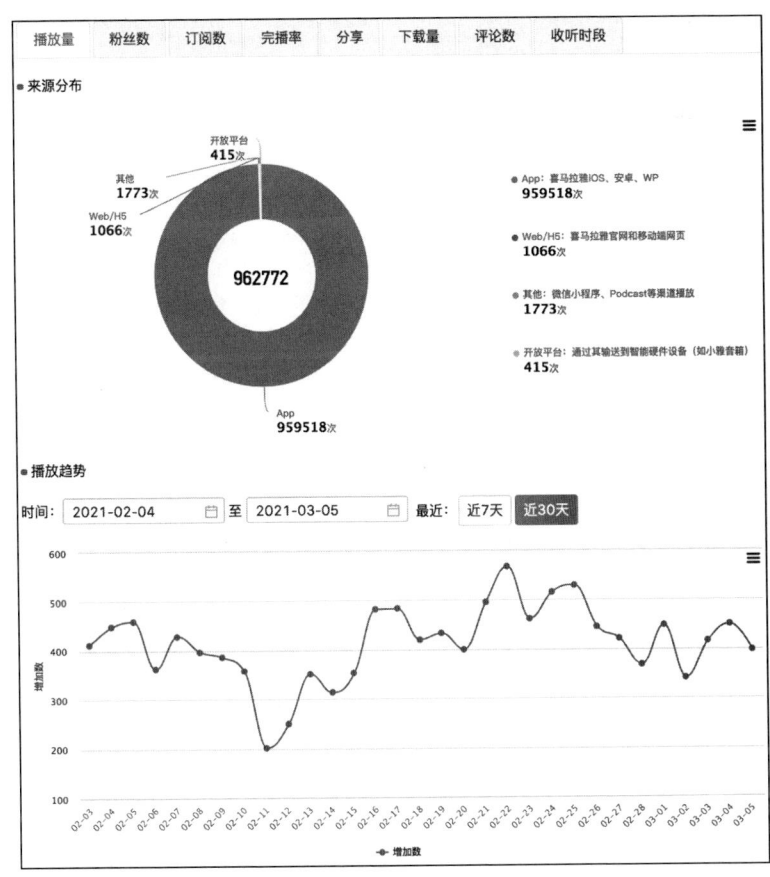

图9-3　喜马拉雅创作中心数据分析功能

5）用户画像

用户画像是用户的概况描绘。节目上线后，经过一段时间的积累，真正的用户就会浮出水面。在创作者中心数据后台，可以看到用户的画像数据，比如地域、性别等，如图9-4所示。我们也可通过粉丝评论、与粉丝互动或建立粉丝社群来了解他们更具体的画像。

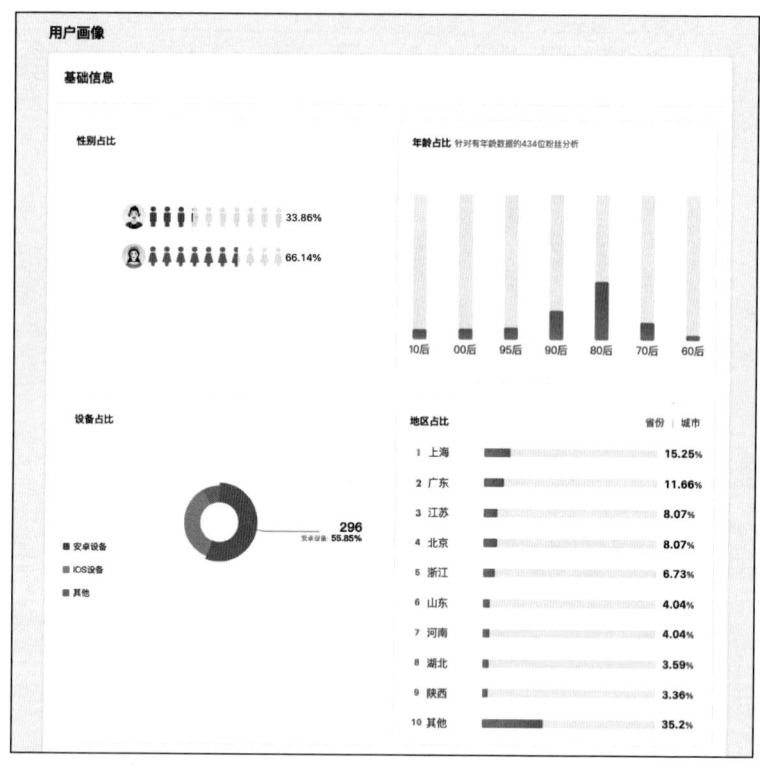

图9-4　听众画像数据

用户画像可以让我们了解真正听节目的那些人，验证和纠正最初的用户预设。如果想在播客这件事情上有长远的发展，用户画像是需要密切关注的指标。

### 3. 看待数据的心态

我们如何看待自己节目的数据呢？数据是节目获得的成绩，也是用户对节目的关注、喜爱情况的反馈。通过细颗粒度的数据，可以了解用户的喜好，以及他们是否喜欢这期节目。

看待数据，有两种心态是不可取的。

1）完全无视数据

如果创作只是为了满足自己的表达诉求，完成后就放到"抽屉"里，是可以不看数据的。但如果希望在创作道路上不断精进，就千万不要无视数据发出的"声音"。

数据是对节目质量相对客观的评价。通过长周期的观察和横纵对比，数据可以有效评估节目在各个维度上的表现。

除了数据的绝对值，我们还应该关注数据的变化，数据大涨或大跌之后要尽可能找出原因。好的变化，其成因可以成为有效提升节目质量的方式；不好的变化，其成因可以提炼为节目后续应该优化的地方。

2）把数据作为评价节目的唯一标准

重视数据是好的，但有些情况下，创作者也会因为对数据过于敏感，消耗自己的创作热情。

数据影响因素比较多，比如话题是否大众、是否有热度、是否获得了推荐的资源，投放是否精准，有没有获得足够时间的曝光等。数据量比较少时，其背后的原因和意义也不太容易准确得出。因此我们要理性看待数据，创作情绪不要完全随着数据的好坏而起落，更不要否定自己的创作能力。

如果数据不好，我们也不要害怕它，要尝试去找到其背后的意义。不要被它影响自己的心情，改变我们的创作初心。我们可以把它当作自己创作道路上不断精进、不断提升的小提醒。

数据本身不是最终目的，创作带来的价值和给自己带来的满足才是最重要的。所以也不要总是为了数据去做出改变，有自己想表达的话题角度就去表达，它不一定会被听众听到或被数据验证，但它对自己重要。

我们应该把数据当成我们的创作小助手，而不是唯一的评价标准。它能怎样帮助到我们的创作，取决于我们如何理解它和应用它。

## 9.2　节目推广

推广是所有萌新主播和成熟主播都非常关心的话题。互联网把创作和传播的工具给了每一个人，但把注意力给了获得注意力最多的那些人。马太效应在互联网内容传播领域非常显著，好的节目雪球越滚越大，萌新节目想要超越加倍困难。

推广不容易，但也不完全靠运气。从结果看，成功总属于用心经营、厚积薄发的创作者。不同的主播有通用的推广方法，也有难以复制的成功经验。你可以通过哪些方式来推广自己的节目呢？下面介绍一些常用的渠道。

## 1. 推广渠道

常见的推广渠道包括朋友圈、社交媒体、社群，以及播客平台。

1）朋友圈亲友通常是第一批天使听众。节目发布之后，记得随手分享到朋友圈。亲友包容度最高，节目的不完美在他们眼里也会是可爱的。早期的点滴鼓励和支持，有助于你建立信心。

2）如果有社交媒体或者自媒体账号，比如微博、公众号、bilibili、小红书等的账号，就可以在这些平台分享节目。这些平台上的粉丝，极有可能成为我们播客节目的听众。

3）如果你是一个兴趣或者话题领域的关注者，且你的播客内容与之相关，那就可以主动发起一个社群，以播客为基地去连接社群成员参与。社群成员因为本身关注兴趣和话题，容易成为节目的首批听众和忠实听众。

兴趣和话题播客借助本身的受众人群，容易产生社群甚至是社区。例如，机核是游戏爱好者做的一档节目，有独立App、周边产品以及品牌活动等。

4）播客联盟。目前播客是较小众的创作形式，为了让更多好节目被了解，出现了一些松散的播客联盟。可在联盟里面多发帖，和播客同行交流切磋，约节目串台，互相推广。

即刻"一起听播客"的圈子是较为出名的播客联盟，有上万人在分享对播客的热爱和偏好，推荐有趣的新节目、节目高光片段。听众可以通过这个渠道发现好节目，新主播和新节目在这里也有脱颖而出的机会。

5）平台推广。内容平台都有自己的推荐机制。有中心化的推广，也有去中心化的推广。

中心化是指平台基于自身的定位和内容策略，有针对性地去拓展、挖掘适合的内容和创作者，发起主题创作活动，推动这些方向内容的生产。关注平台公告、加入平台社群或者有小编的联系方式，可以了解到这些政策。如果内容和平台大方向匹配，那就有更大的概率获得平台的资源倾斜。

平台也有去中心化的属性，绝大部分内容还是通过算法，普惠地把曝光资源给到优质的内容，让用户发现。算法推荐的优点是高效，有心的主播可以做一些测试，尝试了解算法的偏好，从而让自己的节目更加容易被发现。需要注意的是，算法对于大部分人来说是黑箱，会不断迭代演化，所以不要花太多精力在突破算法规则上，把握基本的算法逻辑就好。例如评估内容质量的基础数据，保持一定更新频率等。顺着这种大规则去更新节目，可以避免分发权重被降低。

### 2. 推广策略和节奏

比较常见的推广策略有两种：

1）在"私域"推广，比如微信、微博、社群，他们是熟人、半熟人圈，你们之间有一定互相了解，容易触达和影响。

2）在"公域"推广，比如平台海报焦点图展示、系统推荐到首页首屏等。"公域"人群规模更大，推广之前你跟他们没有连接，推广之后你的节目激发了他们的好奇和关注，收听了节目，也可能会关注你，订阅你的节目。

起步阶段尽量在私域推广，并保持推广频率。节目推广对于大多数创作者都是极其有难度的事情，尤其是新主播的新节目。冷启动时候在较小范围内推广，可以低风险地获得反馈，从反馈中找到感觉，进一步打磨好节目。比如《时而散步》的前几期，都是在自己的公众号、微信群推广获得了不错的口碑，到第6期获得了社群中的微博育儿大V的推广，单期播放短期破万，也在小宇宙冲上了新人榜。

到了成熟阶段有信心的时候，可以积极策划推广动作，往公域流量发力，把自己推到更大的人群中。比如参加平台活动、做热点话题选题，甚至是通过购买平台流量来获得公域曝光机会。

为什么不是在冷启动阶段做公域推广计划？越是大众的人群，需求越是多样化，转化越是困难。所以要积累足够的节目数量，沉淀出内容的价值感和口碑，用显性的价值点去推广才比较容易打到用户的点，达到推广效果。

健康的节目成长曲线，并非线性增长，而是曲线增长。在一个阶段平稳波动，获得推力之后短暂爆发，推到下一个层级。推力结束之后，稳住在一个新层级上平稳波动，不会掉回去，这样持续一层一层地长上去。

### 3. 推广内容包装

有一些因素会影响推广转化率，越大众影响越显著，需要特别注意。

1）选题是不是具有大众性、时效性和热度？是不是和你想吸引的用户有关联？

用户容易被即时新鲜有热度的内容抓住注意力。如果你希望有好的推广效果，那么内容结合热度，也就是所谓的"抓热点""蹭流量"也会对你的推广有正面作用。

但不要太生硬地结合热点，否则会伤害节目的品质。对于业余创作者来说，持续追踪热点内容很辛苦，难以持续。所以"抓热点""蹭流量"的选题，是建立在你想获得好的推广效果目标的基础上。如果你的节目是以自我发展为主，可保持初心，做对自己有意义的选题。

2）包装上需要转化到用户视角，预测他们的反应，是否有感触、有兴趣、有好奇。

想象你是一个新用户，你对这个内容的价值判断只能通过包装信息来获取。这时候，一定要把包装完善好，这样才能让内容亮相曝光的时候，获得用户好印象，节目获得好的转化效果。

## 9.3  搭建你的社群

通过节目，我们一定会与很多志趣相投的听众结缘。这时，可以通过建立社群，搭建与这些听众交流的平台，并吸引更多同好。社群中的听众像一群互相信任的朋友，他们会受播客的影响，会因播客而改变生活；当我们遇到困难时，他们也会给我们力量。

### 1. 播客社群的形成

人是社会性动物，在社交关系中获得安全感和归属感。社交关系有强社交和弱社交两种类型。强社交往往受限于背景，提供更多的是情感支持，比如亲密关系或家庭关系；而弱社交则是更广泛的社交，能开展更大范围内的合作和协同，对我们的个人发展起着很大的作用。弱社交常常起源于一些共同属性，比如血缘、地缘、文化等。

和松散人群不同，社群建立的基础是有共同的目标和彼此认同，这也让社群更有聚集力。

媒介的演化改变了人们的社群生活方式。现实中的社群大多有时间和空间的限制，比如传统古老的部落、村庄、同乡、宗派，现代都市生活里的俱乐部、沙龙等。随着媒介技术的发展，人们维系关系的方式不断变化，社群沟通方式也不断进化。

» 工业时代，电报、广播、呼机、电话，让我们跨越了时空的障碍，收到远方消息的时间大大缩短。

» 信息时代，邮件、在线聊天室等各种网络社群，让人与人之间的沟通效率呈指数级别增长。

» 移动互联网时代，智能手机成为身体官能的延伸。它通过网络抓取人群共性，连接相应的社交关系。每个人都可以随时和其他人沟通，可以通过文字、表情、图片、语音和视频等方式交流信息和传达情绪。

播客天然具有社群的基因，是非常好的媒介，可以让人和人之间建立深度连接，促成同频交流场域。

一方面，它通过深度内容连接有同样价值和目标的人群。喜欢听同一档节目，同一个主播，大概率有相同的属性、共同的语言。他们通过播客聚在一起，也有潜力成为一个高质量社群；另一方面，这种媒介也有社群成员之间恰到好处的距离感。不会因为太紧密而产生过多负担和摩擦，不会因为太远而失去了黏性。

播客听众也非常乐于通过播客在线上寻找同好。《PodFest China 2020中文播客听众与消费调研报告》显示，69.2%的受访者在互动偏好一项中表示有意愿加入听众群。与"给节目留下评论""关注主播"这类较为静态的互动相比，听众更期待得到直接交流的机会。

《啤酒事务局》是一档专注于啤酒以及提升品质生活方式的播客节目。主播每周都会邀请啤酒从业人士和资深爱好者，讲述他们与啤酒之间不得不说的故事。虽然他们更新数量不算多，但是基于听众对啤酒的热情，他们已经有了一个粉丝社群，在社群里也开展了一些比较有意思的玩法，如建立城市分群，由粉丝管理；开通微店和淘宝店卖啤酒；与全国各地的酒吧进行合作；和听友们一起旅行等等。

## 2. 如何运营播客社群

当越来越多的听众开始支持我们，希望和我们有进一步的交流时，就要问一下自己，是不是愿意投入时间和精力，维护和这些听众的关系了。

社群运营，需要考虑以下几个问题：你会让哪些成员加入？这个群会为群成员带来什么？他们和这个播客节目会不会建立良好的共创关系？后续可能会发生什么？会激发哪些美好的事情？可能会有什么样的冲突？如何避免和处理？

思考完这些问题，如果你依然觉得这些投入有意义，也挪得出时间和精力，就可以着手组建社群，为后续的播客运营投入做准备了。

### （1）有哪些社群工具

可以用哪些工具组建社群的大本营？播客社群可以存在于各种社交载体中，主播与听众正一起进行社交生活中的有趣试验。

国外的主播们会利用Facebook、Twitter或Instagram展现生活化的一面，与听众互动，打造立体的形象。

国内主流的是QQ群、微信群这种大众化的社交工具。如果你想用有门槛的付费社群工具，可以考虑知识星球，以及喜马拉雅也有音频为主的付费社群工具XiMi团。

工具可以灵活选择，重点是要控制运营成本保证社群持续下去，和听众保持恰当的距离，不远不近，促进彼此之间的碰撞和连接。

### （2）群成员可以获得什么

如果大家在一个交流和互动比较少的群里，慢慢也会变得不活跃。随着时间的推移和群成员的增加，群里可能会出现越来越多的灌水广告或无意义的聊天，这会导致很多有价值的成员退群或直接屏蔽群消息。所以成员加入社群后可以获得什么，是一个很重要的问题。想明白这个问题，能让节目和社群有更长的生命力。

社群的价值一般可以在互动沟通、案例共享、资源对接、内容输出、专业分享、干货资料分享等方面体现出来。

*Blow Your Mind* 的主播何峰把听众被称为Bymmers。"一起读年报"是 *Blow Your Mind* 社群的热门活动，主播何峰会与听众一起阅读和分析知名企业的年报。

《月球沙发客》的社群里经常会抛一些小调研，或者搜集对某些问题的看法。如果有现场录制的计划，我们会提前在群里邀请大家参与。在节目录制后，我们也会把节目发到群里。

《电影侦探》的社群会经常发起一些话题的讨论，约感兴趣的成员通过腾讯会议现场参与。

社群内容输出可以不必完全依赖自己。我们可以留意群里的高活跃用户，了解他们擅长的领域和相关经验，邀请他们在群里分享。这样做一方面能帮助他们树立自己的影响力，另一方面也是增加社群本身的价值。

### （3）社群规范

社群中难免会有一些不受其他人欢迎或和群里其他成员价值观差别很大的成员，他们很可能在群里与他人发生冲突。

因此，可以通过有仪式感的方式，建立正向的社群规范，维护社群氛围。

*Blow Your Mind* 的主播何峰在建立听众群时，设定了一个规则——想要入群的朋友需要在微博上发布一条简单的自我介绍。何峰每周会转发新的"入群申请"，鼓励已经在社群内的成员邀请新的听众。自我介绍强调了个体的独特性，听众不再以"粉丝"的心态进入社群，增加他们对节目社群的归属感。

入群后，群管理需要关注群成员的情况，设置基本规则来保护大多数人的权益，必要时可以设定退出机制。

开智社群是一个鼓励大家输出、读优质书籍、宣传个人作品的社群。为了避免群友的注意力被没有意义的话题浪费的情况出现，群内设置了一个机器人，只要有人发送明确禁止的内容，就会被踢出群。

《来都来了》的主播丸籽在首个听友群未到500人之前便关闭了入群通道，并和群内的听众约定，当群内成员少于100人时，就邀请留下的人来家里做客——既然留下来了，一定要见面聊聊才好。

**（4）社群角色**

氛围优质的社群里，群主的角色非常重要。

一个有生命活力的群，群主起码要跟7%的成员有比较深入的连接。群友相互认识和熟悉时通常是这个群里最活力的时候。

好群主知道大部分成员的优势是什么，可以主动邀请其他成员分享和表达，也要在分享过程中关注他人，鼓励大家给分享者积极正面的反馈。

好群主在交流过程中也知道把握尺度，有的群成员彼此可能关系密切，知根知底，可以聊私事；有一些彼此并不熟悉，不小心暴露成员的隐私就可能会让群成员产生困扰。

好群主不会是高高在上的，而是愿意平等交流、贴近群友的。社群毕竟不是私密圈，有些话题需要谨慎。宏大如世界形势，细微如饮食男女，许多舆论场中的议题具有争议性，如果并非是自己擅长的领域，在表达观点时还是要谨慎，避免说些不痛不痒的话，不要靠浮泛的辞藻或极端的情绪去煽动人，而应抓住问题要害，用有逻辑的论证内容打动大家，于无声处显意义，于逼仄处见胸怀。

通常一个群变得优质或者有活力生命力，都离不开这几类群友的贡献：

1）信息组，在群里提供新信息，分享优质稀缺资源、最新最热的资讯，价值观正直、观点犀利、文采出众的好文章。

2）氛围组，在群里聊八卦灌水活跃气氛，虽然信息浓度不高，但是让大家产生亲近信任，大家在群里发言没有压力，还在这种聊天中获得很愉快的氛围。

3）藏龙卧虎组，冷不丁发红包的土豪朋友、偶尔发言，但会背后默默给大家提供支持和帮助的牛哥牛姐。

如果你是这样的群主，你的社群里有这些不同类型的社群成员，相信这个社群会源源不断给你的节目带来持续前进的动力，也让你的节目内容不断精进，传播突破当前的社群，让更大的人群发现宝藏的你。

### 3. 播客社群价值

运营一个播客社群对自己发展是有意想不到的潜在价值。

1）可能影响你的社群成员成为播客共创成员。开启第一档播客之后，你就会发现持续做优质的播客节目，不是一个人的事情。在这个过程中，你更像是一个连接器，连接了不同的故事和不同的人。

《时而散步》就是典型在社群中启动的创作项目。主播因为养娃和朋友们组成了一个社群。社群里有很多优秀的，有共同育儿理念和实践的朋友。群里经常发起一些有价值的主题讨论。她原来就有做播客的想法，于是就邀请群里的朋友做嘉宾。这种内容产生过程是极其自然的，本身这些内容就一直在被群里朋友讨论，播客也反向巩固促进了社群的价值沉淀。彼此激发转瞬即逝的精彩对话，群友之间建立了更有深度的链接，内容和关系的延伸，延长了社群价值的生命。

2）能增加你在社会网络中的影响范围。

技术改变了我们的社交行为，但我们的社交能力天花板依然受限于百万年演化进程。再擅长社交的人能维系的关系也很难超过500个。突破社交关系上限，靠社交比较难，靠创作是可行的，你的作品帮助你影响一个人群，让他们了解你，信任你，拓宽你能影响的人群范围，拉长你能触达的社会关系距离。

当你以一个播客为出发点创建社群时，你就结了一个社会人际网络，而你是这个网络的中心点，你打开了自己的一部分，跟这个世界产生了更多链接，有了更多可能性。所谓的成长，即是你在这个世界，这个社会的网络连接里获得了能量，而你也由此影响更多人。

我们曾做过采用通讯录的方式来建立初始社交关系的产品。有一次读取社交通讯录的功能突然崩溃了，技术去排查原因，发现一个著名的播客主播的通讯录竟然有上万个人联系方式！可见创作可以产生多大的社交能量。

## 9.4　播客变现

前面我们讲了播客的内容制作和运营，接下来我们讨论下赚钱这件事。我们埋下一颗种子，浇水、施肥、精心培育，最后希望长出名利果，也是人之常情。

在播客圈，更为普遍和现实的心态是靠爱发电。大部分主播没有把赚钱立为首要目标；很多主播也知道赚钱的难度，需要投入时间精力，为了让自己心态平和，也不会一直抱着这个念头。

我不想给你一个虚假希望，说播客很好赚；也不想直接泼冷水，说播客很难赚钱，趁早打消这个想法。因为好的播客节目确实是赚到了钱。内容有其内在价值规律的好节目确实能有高回报。互联网环境下，酒香更是不怕巷子深，只要内容好，一定有聚光灯照到你。播客是否赚钱因人而异，因内容类型而异，最重要的是找到适合你自己的发展路径。

### 1. 播客赚钱的方式

内容经济是冗余经济，不同媒介之间内容有竞争，也会互相促进。我们吃了一碗新鲜的海鲜炒饭，就很难再吃得下一碗肥牛面。但我们买了一本好书，不影响我们买第二本好书。我们订阅一档好节目，不影响我们订阅其他好节目。实际上，我们也会通过喜欢的主播和节目中的推荐，不断探索发现更多给我们带来惊喜的创作者和内容。我们看一本好书，也希望通过作者播客，了解他日常生活中的深度思考和对话。

在其他媒介的内容领域，也有明确的变现模式可参考和借鉴。比如在音频领域源起的知识付费和图文视频领域很普遍的自媒体商业化。国外播客市场和国内资深播客，也有过各种变现的尝试和探索。

下面我们看下播客变现的商业逻辑和变现模式。每种模式都需要有相应的条件和前提，你可以基于自己的条件和想要达成的结果，评估自己发展方向。

**（1）知识付费**

知识付费源于音频领域。这种模式在2016年掀起过一阵风潮，当时马东和《奇葩说》团队做了一档《好好说话》的音频付费课程，吸引了大量喜欢《奇葩说》的年轻用户。这些用户希望自己在个人生活中，也像奇葩说选手那样能言善辩，通过好好说话的能力，彰显个人魅力，促进人际关系和谐，职场发展更顺利。同一年，罗振宇做了得到App，并在App内上线了刘润《5分钟商学院》这样的音频课程，让类似商学院的高价课程近在耳边。

免费获取知识的逻辑渐渐被打破，"有价值的内容值得付费"的观点被越来越多听众认可。这些听众可能是为了提升自己，为了增强见识，为了支持偶像，也可能仅仅是为了缓解焦虑。不管怎样，知识付费已被验证为可行的音频内容变现模式，是播客可以参与的变现模式。

《到海外去》是一档讲述中国企业出海故事和经验的访谈，由声动活泼制作播出。第一季获得比较好的口碑，而且内容有稀缺性，适合和出海创业有关的创业者、投资人以及相关从业者获取有价值的信息，第二季做成了付费栏目。

付费播客和知识付费的相同点是内容质量过硬。节目主播和嘉宾有足够知识储备和经验干货，给听众带来明显益处。给人种"听君一席话，胜读十年书"的感觉。

付费播客和知识付费的不同点是，播客的内容结构和体系没有知识付费那么强。知识付费像教室里的正课，付费播客像课后小讲座。播客内容不局限于干货和知识，也会包含很多经验性、故事性、娱乐性的内容。知识付费是干货，播客内容是干湿结合的。如果说知识付费是读一本精致的书，播客节目是时效性很强、内容生动鲜活的杂志。学习场景不那么正式，但正因从不同角度吸收，可以让听众对知识本身补充经验和具体的感受。

一般知识付费是以专辑形式整体打包多集或多期内容形成一个聚合进行整体售卖，单价较高。2020年，为了鼓励播客更新，各平台也开通了播客节目的付费。不同于知识付费以专辑为单位，它可以以单条声音为单位的付费。单条付费模式具备更多灵活性，用户的消费门槛更低。

《跑题大会》主创原本是锵锵三人行的嘉宾，围绕各种热门话题聊天，从2018年开始第一期到2020年，2年的时间，粉丝达5万，专辑播放量超过2000万，他们从2020年6月第一次上传单条付费节目，定价9.9元，首日上架售出几千元，5天破万元。

付费播客有比较严格的要求，这种要求主要体现在以下几个方面：

» 用户对付费节目的预期会远远高于免费内容，选题要让用户有获得感，所以不适合娱乐休闲的、知识比重少的选题，因为这类选题不太能让用户产生要付费购买的想法。

» 付费专辑的价值要达到付费内容的交付水准，要求创作者拥有较强的专业内容原创能力，能够持续地输出系统性的专业知识或内容，投入相当多成本去制作打磨。

» 内容属于体验类消费，用户在做购买决策前往往已经建立了信任基础。所以需要有足够的听众积累出口碑，有铁粉基础，才有转化成付费节目产生收入的可能性。一般做付费专辑的播客节目，前期已经经营了一个口碑很好的免费节目。这些免费节目让用户信赖节目的出品品质，甚至愿意花钱来支持主播。

《我在故宫聊八卦》是一档由北京社科院满学博士后、真人秀节目《上新了！故宫》的顾问为嘉宾，由《日谈公园》播客创始人小伙子（冯广建）为主持人的对谈节目。这档节目只有16期，价格99元。能获得不少购买的听众，除了内容偏好本身，《日谈公园》本身是具有几十万订阅量，上亿播放的老牌播客节目，积累了听众和口碑。

所以总结来说，付费播客适合在某一领域有深厚积累，沉淀了一批粉丝，有时间和精力打磨制作的主播，并且切中了一个用户会有购买意愿的选题。对独立播客创作者负担和压力极大，一般适用于专业内容出品机构。

### （2）商业化合作

2013年，papi酱开始陆续发搞笑视频，以一个大龄女青年吐槽的形象在网上传播。2015年，她和自己的朋友合作做视频MCN，获得大量客户的青睐，甚至获得千万融资。

2014年，公众号带来了图文内容风口。无数内容创业者通过公众号一篇篇阅读量"10万+"的好文章，在朋友圈刷屏，获得了大量读者。他们对垂直领域读者的影响力吸引了大量的广告客户，名利双收。

和品牌客户合作，帮助品牌来扩大品牌影响力，提升品牌方的业绩。品牌客户会拿出预算来赞助你，他们的权益包括冠名你的节目、你在节目中帮品牌口播做广告、帮助品牌售卖等。品牌方看重的主要是你的节目能对谁,产生多大的影响力。

过去,自媒体从业者接广告还有些扭捏羞涩,担心影响读者的体验;现在消费者也逐渐包容,认识到创作不易,创作者也需要"恰饭"的事实。自己喜欢的创作者被客户青睐是一件好事情,要支持。

播客在商业化的空间在于爱听播客的用户,对于广告客户具有吸引力。《JustPod 2022中文播客新观察》报告显示,中文播客用户的画像平均年龄是30岁,一线城市占比48%,月均收入1.5万元。听众对广告的接受度较高,接受节目头尾插播硬广的占比是84%,接受品牌冠名的占比是55%。从形式上看,听众的诉求是不打断完整的收听体验,所以更倾向片头片尾广告,但对节目冠名赞助、定制和软性植入也有一定的包容度,在节目中作为调节是可以接受的。

《PodFest China 2020中文播客听众与消费调研》显示,88%的受访者对播客节目的商业化持"支持"或"非常支持"的态度;50%的受访者表示播客内容曾经影响过他们的消费行为,比如购买播客中提到的产品,去主播推荐的咖啡厅或酒吧等。

《谐星聊天会》是单立人喜剧出品的播客节目。每期由单口喜剧演员和听众一起录制,趣谈生活中的沉杂琐事,轻松有趣,像在情景喜剧现场。近几年脱口秀和喜剧越来越受年轻人欢迎。"巢妈团"是雀巢旗下的母婴社群平台。雀巢通过研究发现,很多新手父母养育孩子时感到孤独和压力,所以"巢妈团"联合《谐星聊天会》推出巢妈团独播季节目,通过喜剧演员和观众聊天会的节目形式,直指当下具有现实意义的育儿议题,给新手父母提供快乐的陪伴。后续,《谐星聊天会》也继续采用先招商再制作的形式,获得了博世、有知有行和暂停实验室三家公司的联合赞助。

对于品牌方来说，品牌最看重两件事：第一是和品牌调性相符；第二是有流量。所以与品牌商的广告合作，流量非常重要。因为一般就是按照最终收听的情况确定价格的。行业的常用单位是CPM（每千次展示费用）。

播客和图文视频相比，短板显而易见：整体受众人群小，对听众注意力和时间占用要求高，播客的转化路径相对长，商业化效率低。图文和视频可以快速种草，快速转化，甚至当下可以通过点击量和购买量统计直接监测到转化率。

换个角度看，短板也能变成长板。播客内容具有伴随性。耳传心受的传播效果。播客收听解放了受众的眼睛和双手，可以切入更多的生活场景，碎片时间也随时可听。播客的内容对听众没有压力，在听播客节目的过程中，听众的状态是积极、专注、放松的。长时间的陪伴，会让受众对播客建立有深度的信任。这样长期耳传心授地沉浸，信息完成了有留存、有黏性的传播。而且，播客单个播放的价格，比视频要便宜很多。

对于有深度的信息，信任度要求高的产品，播客传播就具有相对优势。高客单价，高决策成本的商品和服务，就更适合传播给特定受众人群。播客的深度表达，可以辅助用户的关键决策，转化率较高。

2020年，新世相为了推广付费音频课程《沈奕斐的社会学爱情思维课》，接连在17家播客节目投放了定制内容策划及口播广告。一些高客单价的新消费品牌如咖啡等，也喜欢在播客投广告。2021年新春特别活动中，喜马拉雅与日本咖啡品牌隅田川联合发起"一杯鲜咖啡，温暖回家路"公益活动，拉动平台千名主播参与合作。

商业化合作相对来说门槛比较高。数据在商业化合作中非常重要，客户也偏好有影响力的主播。商业化合作一般也需要主动发出招商需求，和客户进行商业化合作的签约，对主创团队有商务和法务相关的能力要求。商业化合作也适合有一定客户资源的主播，能主动争取客户的资金支持。

由于实时互动强，电商带货也成为继广告之后拉动销售的利器。音频领域的带货能力自然不如视频直播，但是规模再小也是市场，有市场就有供给。当主播积累了忠实粉丝，自然也具备了一定的号召力、影响力。通过音频植入的形式完成好物推荐，引导用户边听边购物，让用户享受一种独特的购物体验。

2020年"双11"，淘客联盟内容服务商播客公社发动了播客们参与到"双11"促销活动中，共实现了近三百万交易额。主持人在节目中口播红包密令，在简介中放置密令，并引导听众打开淘宝消费。

电商带货更为普适和低门槛，适合大多数主播。只要吆喝得好，就可能有机会获得收入。虽说门槛低，但收入的结果，依然也会受到粉丝数量、播放量等流量影响。

### （3）社群经济

播客有社群的天然基因，能聚集一些有共同爱好和价值观的人群。如果能影响听众，甚至你的听众中有一定比例的"铁忠"粉，信任你，愿意支持你的一系列行为，那在社群大本营就可以实现收入。

《机核》的主播是游戏爱好者，2010年开始兼职做播客，14年开始全职创业。他的内容以游戏为主，也以游戏切入创建了自己的社区，独立的社群App有几十万的月活。基于这些活跃的用户，他们开展了一系列的服务，比如线下游戏展、出售潮牌周边等。同时，他们也承接商业化的广告，收益不菲，可以支撑自己的独立运作。

社群铁粉会分享你的内容、打赏、付费、购买周边、参加你组织发起的线下活动，购买你的会员，付费订阅你未来各种可能提供的内容和服务。你和你的听众，建立了更密切的连接。而你也可以结束靠爱发电的处境，用社群粉丝给你的实际支持发电。

1）打赏赞助

播客有很强的陪伴属性，所以为了获得主播的关注，或者是对主播陪伴的正面反馈和支持，用户会给主播打赏送礼。这也是主播获得收入的方式之一。

《不在场》的主播做过一个小型"打赏实验"，他在每期节目末尾用声音播报打赏信息，并在Shownotes末尾写明："欢迎你用支付宝扫描下方二维码为本节目打赏，以增加它存在下去的概率，一次性捐助不少于300元的请留下你的电子邮箱，你会收到我不定期的电子邮件。"通过《不在场》第一季11期节目，他总共收到来自5万多元的支持。

国内连接创作者与粉丝的会员制平台爱发电设置了打赏功能，主播可以邀请粉丝以每月以一杯咖啡钱的价格来支持节目，让播客能持续运营和长期发展。同时，粉丝可以基于自己的支持力度，获得相应的权益，例如抢先听、专属节目、主播在节目中的口播鸣谢、参与节目连线、进入专属听众群等。

《跟宇宙结婚》是一档文化知识类脱口秀节目，传播各种冷门但有趣的知识，主播队伍由小伙子（冯广健）、青年（谢丹青）、刀夫（李晓苏）三位老师组成。在节目之外，他们还在爱发电开启了自己的周更付费节目。听众每个月支持20元就可以听到每周一期的番外——《跟宇宙结婚悄悄话》，每个月他们可以获得接近1000次的支持。

2）订阅会员

听众基于对主播的深度信任，想要与主播建立一种较强的连接时，可以加入播客的个人会员，享受会员权益。

《孤山聊艺术》的主播从2020年9月开通了喜马拉雅主播XiMi团的服务，粉丝可以订阅自己成为会员，订阅后的会员可以获得付费内容免费听、节目超前听、会员专享动态等权益。不到半年超过800个粉丝付费订阅。

声动活泼是一个播客机构，有自己的播客矩阵，例如，《声东击西》《What's Next ｜科技早知道》《反潮流俱乐部》《泡腾VC》《商业WHY酱》《跳进兔子洞》。

《声动活泼》面向听众发起了声动胡同小社区，目标是用声音碰撞世界，致力于为人们提供源源不断的思考养料；并想在偌大的世界中，找到和我们志趣相投的社群成员，互相连接。他们提供了价格为365元一年的声动小邮筒订阅服务，订阅之后，可以获得：

» 稳定更新——每周一三五清晨，准时投递一封邮件。

» 内容延伸——声动活泼节目之外的思考养料与创作动向。

» 独家专享——多领域的创作者联动 + 声动早咖啡（文字版）。

» 亲密互动——高质量的回信与交流。

3）社群活动

主播可以开展针对社群成员的线下活动。播客是人和人的链接，而任何关系的发展，最终都可以转变为线下，例如线下的活动、见面会等。

《播客观影会》是由梵一如、关雅荻、曹柠三位主播发起并组织的线下观影活动，每期选择不同热门影片，招募听友来线下集体观影和互动交流。此外，每期活动都会有与内容相对应的主流播客主播、电影主创或相关方面的专家来到线下现场，与参与活动的观众进行互动分享。此活动需购票参与，每张门票的价格是199元。活动涉及线下曝光和深度交流，因此也有机会获得场地方和品牌方的赞助支持。

社群是相对主播来说最为可控的方式。不依赖平台，不依赖客户，只基于自己对于粉丝的影响力。但社群也相对来说是最繁重的工作，因为你需要持续给你的用户提供价值，以及需要投入运营社群。

**（4）平台激励**

一个行业还没有足够的用户和充分的市场规模的时候，商业化相对比较艰难，创作者就比较难赚到钱。对行业有担当的平台会为了促进这个行业的发展，去拿出一些资金鼓励、支持创作者。

2020年，喜马拉雅推出了首届"中国有播客"创作大赛，面向所有中文播客，最佳播客可获得最高10万元奖金。

2021年，喜马拉雅推出了"原创激励计划"，平台会根据专辑的播放、互动、分享点击等多个数据维度来计算播客每天应获得的现金奖励。

优质的内容还可以通过加入平台VIP体系，获得VIP分成收入。用户购买平台的VIP后，如果收听消费了节目，就按照消费情况来进行结算。

平台也会基于阶段性的内容策略，和创作签约，通过采买形式，让创作者提供好的内容。对于创作者来说是一种安心保障。创作者只要专注地做好内容创作、维系好用户，就能从平台那里获得收入。

## 2. 播客作为职业选择

当我们喜欢一件事情时，就希望工作也是做喜欢的事情。能通过做喜欢的事情赚钱很幸福。是否喜欢工作内容，也是我们评价工作很重要的维度。另外，就是这份工作本身对能力的要求，工作的收入水平。

看完播客赚钱的种种方式，结论是内容好、用户喜欢是王道。好的内容可以有多种变现的方式。但内容质量没有达到基准线，没有粉丝量基础，是赚不到钱的。马太效应在内容领域体现得非常明显，好的内容持续受到更多听众的关注，没有背景的萌新内容熬到出头并不容易。

如果全职做播客节目，并获得相对可观的收入，那在内容品质上要有超过绝大多数业余爱好者的专业水准，节目影响力上需要达到同一个领域很靠前的排名。实际上，早期的、口碑好的播客大多数也来自内容行业，比如媒体从业人员，传统电台等。

大多数播客也是以低门槛的形式开展的，就一两人的团队，以谈话形式为主，成熟的行业组织也比较少。所以全职做主播不是容易的，适合有专业背景的职业内容创作者，以及有团队运作的机构。

头部播客也开始从兴趣走向职业化、团队化精耕细作，并追求内容上更高标准的交付，积极挖掘播客在不同领域和角度的价值。例如做叙事型播客节目，虽然制作成本高，制作周期长，但可以达到纪录片体验效果。JustPod除了运作自己的节目，也推出了自己面向品牌方的播客制作服务，如为风投公司GGVCAPITAL制作了《创业内幕》这档节目，不仅在制作层面的交付质量很高，传播上也给品牌方带来了很好的口碑。

我们可以评估自己的兴趣、性格特点和能力优势等方面，深入打磨一个技能点，在行业链条的上下游做相应的工作。随着行业成熟，团队成熟，播客内容的制作分工也更加细化，包括主播、策划、音频剪辑师、声音设计、营销策划、播客运营、主播经纪人等角色。在整个流程中，你最喜欢、最擅长做的工作，也可以成为你未来选择职业的依据。

本书作为一本普及性质的播客介绍书，核心宗旨是以最低门槛引导大家开启播客创作之旅，在播客制作的各个环节中，都是以门槛、成本最低，帮助你行动和享受创作乐趣为出发点，不是以全职播客要求作为要求。所以在全职要求上提的内容较少。如果你希望往这个方向发展，建议多与经验丰富的创作者交流，也多多分析自己的内容潜力，找到自己的价值定位。

所以，先以兴趣爱好的方式开启播客的道路吧。抱着自我成长和加强自己社交面的心态去做播客，享受过程，持续输出价值，好事会随之而来。

播客运营对新人来说不容易，需要时间和耐心去浇灌，但是这个过程可以不断获得外部反馈并沉淀下来。它可能会给你带来惊喜，也让你更快在播客，乃至个人成长上更为成熟。你的人生也在这样的过程中埋下了诸多伏笔，为未来的人生故事做了铺垫。

不管你是不是以专业职业的心态去看待播客，你都可以去尝试在运营自己的内容上投入一些时间和精力。主动有耐心、注意方法的沉淀，心态不可过于太急躁，避免影响你做节目的持续投入和心态。

期待你的节目被传播，你的故事将被更多人听到和喜欢。

1  为满意的节目写上一段描述推荐文案，分享至你的朋友圈或者社群，邀请他们收听你的节目，并给你写评论反馈。

2  找到你的前 10 个天使听众。跟他们交流，了解他们收听的反馈。

3  串台邀请。邀请你喜欢的播客参与你的节目录制，做你的节目嘉宾。

4  尝试冲一次播客榜单，并截图纪念分享朋友圈。

5  分析你的内容数据，用户画像，以及内容调性，评估你适合变现的方式。

6  在节目里为一个产品、品牌，或者你喜欢的节目打广告。

# 播客的未来

在写这本书的一年多时间里，播客世界发生了很多令我意想不到的变化，可见，未来应该也会有更多变化。在这个世界上，永恒不变的是变化，但拥抱变化的人不会惧怕未来。未来会如何？有哪些会影响我们当下的行动？一起开脑洞畅想一下吧。

## 10.1　播客的想象

我们现在聊播客的时候，关键印象可能是：

它是具有调性和风格的音频节目，主要受众集中在一二线城市，场景像一个线上小型文化沙龙。时不时也有播客定义之争，比如这样的是播客、那样的不是播客。争论中常以内容调性和人群属性来划界限，比如说有调性的，文化属性强的是播客；娱乐性的，家长里短的闲聊就不像播客。

但我觉得播客在内容上的想象力远远不限于此。

从能承载的内容来看，播客内容比我们现在听到的更为丰富。非虚构领域，未来的播客应该能记录各行各业的经验和各个地域的历史，鲜活地保存各种方言、普通人身上发生的故事、每个人成长关键节点的思考和行动。在虚构领域，未来可能会有很多书籍、电影从播客谈话和讲述中获得原型和灵感；还有其他实验性的故事创作通过播客发生。

从收听体验看，未来很可能会有更智能的工具提升我们的播客内容消费体验。比如在智能音箱、智能耳机的场景下，我们不需要用眼睛筛选和定位目标信息，用自然语言交流即可获取它们。我们也可以通过 AI 技术，在声音和文字信息中自如切换和定位，高效获取文字中的信息、声音的情绪和温度。

从创作角度看，未来播客的创作流程也会给创作者更多空间。比如说更有现场感，录制即是收听，收听即可互动。TTS 文本生成语音，ASR 语音转文字、NLP 自然语言处理这些黑科技，帮助创作者在文字和语音的双通道中轻松切换，辅助创作者流畅输出，快速提炼精华收听内容，自动生成高光片刻。从场景到工具，用技术提升效率，解放创作者，让创作者在获得创成就感的同时，也能心流满满。

在我校对这本书的过程中，发现了一档AI生成内容的神奇节目。这档节目的名字叫 *podcast.ai*，第一期节目在 2022 年 10 月 5 日上线，由著名的播客主持人乔·罗根（Joe Rogan）对谈苹果联合创始人史蒂夫·乔布斯（Steve Jobs）。乔布斯在2011年10月5日就已经去世了，这期节目其实是由AI生成的，但听起来非常自然。*podcast.ai* 完全是由人工智能生成的播客节目，通过 Play.ht 人工智能语音技术重现过去的声音。 Play.ht 相信未来所有的内容创作都将在人类指导下，由 AI 生成，而其创作能力将取决于人类将他们想要的创作表达给机器的能力。

从播客对人的价值看，播客给我们的是真诚、让人信任、有确定性的信息。它让我们对喜爱的事情保持温度和热度，更重要的是让我们面对未来变化，更从容，有底气。

现代的生活，常常让我们觉得幸福，但未来的挑战也无时不在。我们未来可以预期的寿命也会更久，但我们能够以更灵活、更积极的方式度过此生吗？

我们当然希望金钱财富能够保持稳定增长，但也一定不会轻视无形资产，例如友谊、知识技能和健康活力，因为它们本身即是人生目的；也不能忽略能增加自己改变机会和成功率的资产，例如同辈支持、社交网络等。因为未来我们大概率不会以一种角色，在一条路上持续走下去。无形资产、转型资产会支撑我们顺利转换到下一个人生阶段。

播客给我们持续表达和对话的机会，给我们一个场域去拓展无形资产和转型资产。我们在这里更有想象力去规划自己人生，给自己时间和空间去改变。我们通过自己创作的人生叙事，也改变了自己。

减少消费和娱乐的精力投入，注重创作和创造。消费和娱乐消耗时间精力，创作是和时间做朋友，投入无形资产和转型资产，帮助我们顺利完成一生中可能多个角色的转化。

有广泛多元的人际互动。当我们想改变时，我们和他人的联系也会改变。我们需要走出去找到新榜样。我们接触到的新群体会给我们带来新的价值观、规范、态度和期望，他们也可能遇到类似的疑问，这些互相碰撞，为我们埋下改变的伏笔。

有动态的自我认知，回答"我是谁"这个重要课题。长寿之后，我们的身份的界定更多地依赖于我们做了什么，而不是出身和起点，身份变成有意识的经营。我们有必要投入精力去叙述这么长的人生，是什么让人生有连续性和因果关系。什么是不变的，让我仍然是我？是什么改变了我？叙述过程中，我们改变了对自我的感觉和看待世界的方式。对自己的了解越来越多，越来越复杂，就越能够应对不同的需求和不确定性。

语言的交流是最自然的交流方式。我们的祖先便是围绕篝火促膝漫谈。这种场景的温度在百万年之后，依然能唤起我们的共鸣和向往，让我们有安全感和归属感。不同于祖先，我们还能同时超越空间和时间的限制，让高信任交谈中的信息、情感和温度、通过网络快速传递给更多人，促进人和人的交流和连接。

希望我们通过播客，和时间做朋友，能讲述自己满意的人生故事。

## 10.2　声音博物馆

如果说播客是一种内容媒介、信息载体和文化宝库，那么在这个宝库里会有怎样的璀璨藏品呢？

喜马拉雅公司大楼有一座声音博物馆。它展示了从史前七万年到现在的时间长轴中的声音故事画卷。日常生活淹没在种种小事里，一旦沉浸在跨越长时空周期的宏大叙事，会感觉有神秘的外部力量，将个人志向和人生理想重新抛光打磨。这幅画卷记录了人类文化创造和文化传承的关键时刻，而声音这种载体，在早期文明传播的重要性：

» 远古时代，原始人类通过声音交流，躲避野兽，艰难生存。

» 公元前525年，孔子设坛讲学，他和弟子的语录形成了后世的《论语》。

» 1076年中秋节，39岁的苏轼在密州吟诵了《水调歌头·明月几时有》。从此，"但愿人长久，千里共婵娟"成为中秋时节人们共同的心愿和情节。

» 1808年初，贝多芬完成了《命运交响曲》，他通过音乐证明，即使自己的耳朵聋了，也可以进行创作。

» 1963年，马丁·路德·金在林肯纪念馆的台阶上发表了演讲"我有一个梦想"，这改变了美国，也改变了世界。

» 2005年，乔布斯在斯坦福大学的毕业典礼上发表演讲"求知若渴，谦卑若愚"，他创立的苹果公司对世界产生了深厚的影响。

信息技术的升级，不断增强文明的创造和传承，新时代也塑造人们获取信息的方式，信息传承着人类的文明。

» 1300年前，甲骨文诞生于商朝晚期，是人类早期记录信息的方式。

» 公元7世纪印刷术的发明，成了人类近代文明的先导，为知识的广泛传播和交流创造了条件。

» 1876年，电话机由贝尔发明，信息的传播开始跨越空间。

» 1877年，爱迪生发明留声机，并用它录制了第一首歌《玛丽有只小羊羔》。

» 1925年，电视机由英国工程师贝尔德发明，人类从此进入了影像视觉的时代。

» 1963年，磁带诞生，逐渐成为音乐市场的象征，也成为声音留存的载体。

» 20世纪60年代末，互联网诞生，从此，庞大的信息可以瞬间被传送到千里之外。

» 21世纪，随着智能手机的普及，人们开始习惯在移动状态下随时随地获取信息。

» 2019年，5G到来，物联网+人工智能，万物互联的时代开始。

喜马拉雅公司大楼外广场的柱子上印有历史巨人头像，扫码可以听到他们改变人类历史的伟大声音。那些声音是：

> » 改变时代命运的声音——毛主席在开国大典上的发言、马丁·路德·金关于黑人民族平等的演讲、丘吉尔针对敦刻尔克撤退的演讲；
> » 推动人类文明的声音——阿姆斯特朗在登月时的录音、乔布斯在斯坦福大学演讲、屠呦呦在瑞典卡罗琳医学院的演讲；
> » 启蒙众人智慧的声音——《道德经》《论语》、陈望道翻译的《共产党宣言》、梁启超的《少年中国说》。

穿越到过去，再穿越回来，我们的感受是什么？历史的声音深邃宏大，我们身形渺小，声音微弱，仿佛站在群山丛中，被这种激荡的声音启迪。听它们来回激荡，围绕耳边。很多我们认为理所当然的事情，都从茫茫荒芜中诞生，打磨千百年才形成现在的样子。

时代给了我们每个人麦克风，未来的声音必然更丰富。我们的声音会不会留给未来，成为其中的展品？时代的声音是宏大的叙事基调，我们的叙事旋律会不会有改变？

如果再有一个未来馆会是怎样的？

如果由我来设计，我想象中的博物馆会是这样的。历史声音博物馆里我们只能听；未来声音博物馆，我们还能发出自己的声音。

未来馆里不仅有伟人，还有平凡的人；不仅有人类发展的宏大主题，还有普通人的成长主题；不仅有声音片段，还有完整的故事。我们对历史和人性的理解，不再基于丁点素材的想象，而是在完整、有温度的全景声音中提纯。

　　未来馆的观看动线的不再是一条单向时间线，而是可以从很多点进入的，每个点延伸出一条线，线和线之间产生节点结成网络，我们就可以通过一个个节点在整个网络中随机漫游。有些节点大一些近一些亮度很高，有些节点小一些远一些只能发出微光，有些节点甚至疏离在整个网络边缘处。但是网络中心的大能量点会渐渐靠近小节点，把它们笼进整个大大的网络。

　　网络放大后，网络和网络之间又显现出不同的组块和颜色，呈现不同的领域和主题。我们可以在一个主题下听到很多人基于这个主题发出的声音。有些声音比较相似且有共鸣，有些不太相似但有梯度地共存，像一组组和弦，让这个主题丰富悦耳。

　　未来的每一个人都能留下声音。再小的声音被发现之前，先发出我们的声音。未来馆也是一个互动创作场景，它用智慧的脚手架托举我们，用开放共创的主题，多元自由的创作方式激发我们，借助计算机和机器，重组素材，润色美化，让普通故事焕发活力。

　　我们可以和声音产生有趣的互动。我们可以去用声音召唤声音，用问题召唤答案。更奇妙的是，我们可以期待在好问题下表达自己的故事，发现不一样的自己。

　　如果这些声音唤起了我们的表达欲，我们还能召唤出一个对谈主持人。

　　她是经过 AI 训练的主持人，情商高，擅长引导提问。TA 能问有结构、有边界、好回答的问题；也能提问开放、自由、可即兴释放的问题；TA 也解读我们的感受，给我们即时的积极反馈。TA 也能再编排，加配乐，把我们的声音打磨成一个动听、有感染力、激发别人对我们好感的小作品。我们还可以设定主持人模式和话题结构，比如说用 3 个问题表达我们对一个主题的观点；10 个问题讲述一个生动的小故事；50 个问题探索自己人生转折点；100 个问题留下我们的人生传记。

在未来声音馆里徜徉，我们可以获得轻松舒缓的信息补给，天涯比邻的精神共鸣，看到真实生动的历史印记。我们还能低门槛地创作，有深度地表达，把自己的声音留在永恒的声音博物馆。它是属于每个时代每个人的声音博物馆。

实践
小行动

**1** 制订未来计划：节目会如何继续下去？它在你生活中是怎样的角色？你每周会投入多少时间做这件事情？如果它会结束，会以什么样的方式结束？

**2** 如果你已经坚持录制 10 期以上，回顾自己第一次做播客的场景，录制一期关于自己播客发展的节目，也给未来成功录完 100 期的自己一些来自现在的祝福。

# 讲自己的故事，做自己人生的导演

## 1

2020年年底，阳志平老师问我："我在策划一套丛书，其中有一个选题是播客。现在讲播客的图书几乎空白，你要不要来写这本书？"我考虑了一周后就爽快地接受了这件在接下来两年里几乎占用了我所有假期和娱乐时间的任务。

彼时，我的工作命题就是"如何影响更多有才华的人来做中文播客"。和图文、视频相比，原创音频领域的播客用户规模小，创作者人数更是寥寥。我当时想，如果市场上有关于播客的工具书，想必能带动做播客的创作者的数量上涨。

除此之外，我也听到一个声音在朝我发出召唤："这是你该做的事"。十五年前，我萌生了一个个人志向，希望让更多人成为创作者。这个志向不断提醒、催促自己大声喊出：创作也是你生活的一部分，来吧，来成为创作者。

念念不忘，必有回响。

## 2

那时候我在上大学，专业是社会工作。

简单描述这门学科，就是用专业方法帮助别人。我在学习的过程中，切身体会到过被他人的行动和言语影响的力量。成长过程中的诸多心结，在和良师启发性的沟通中化解，从此也引导我往自我成长和助人的方向修炼。

社工专业的显性难点在于专业助人技巧，隐性难点在于助人动机。助人者在实践过程中，接触各种不认识、不认同甚至不喜欢的服务对象，会不断接受考验，为什么我要去帮助他们？

这挑战到了底层的价值观，而这些我在早期学业阶段并未认真想过，所以我看了很多关于哲学、宗教的书，试图去找到答案。我整理了一本圣人的传记，想了解圣人助人的原因是什么？普通人，可以靠近圣人，但不可能成为圣人，那么普通人帮助别人的持久动力在哪里？

我也在毕业论文里探讨了这个问题——对比不同思想价值观，助人的根基在哪里？当时我得出的结论是：首先要看到个人的价值，相信对方值得我们的帮助和付出。

那么，个体价值如何显性地展示出来？

研究生阶段是我的专业应用心理学系，学习社会心理学专业，继续思考这个问题。毕业论文我做了个人在不同表达场域对比的质性分析，发现在网络社媒空间（当时是微博）的表达，有助于丰富自我概念的表达和建构。在这样的空间，有意识、有结构地表达、输出和创作，可以拓展自我概念的颗粒度，从而让别人发现自己被帮助的价值，有机会发展成更好的自己。

以上想法源自学生时代，现在看会有天真和理想的一面。后来有了更多自我表达的平台，包括微信公众号、抖音短视频、B站等，在过去十年出现过好多波风口，创造了许多自媒体神话。但更多时候表现出来的规律是马太效应：成功的创作者极少，大多数人分布在长尾而无人问津。投入时间精力创作当然希望获得回报，有很多创作者赚到了钱，但大多数创作者赚钱依然不容易。

现在的我是否还有足够的信心坚持自己的追求？依然是这样的。从校园进入职场，从工业时代到信息时代，从现代到后现代，从Web端到移动端，从搜索驱动到算法驱动，我看到的现象使我依然不断增强我的信念——成为创作者，对个人的长期发展意义重大。我在第一章对这个原因做了详细的阐述。影响更多人成为创作者，对于现在的我来说，依然是很重要的目标。

## 3

感谢阳志平老师给我机会，建议我来写这本书。他跟我讨论如何搭建大纲框架，作为新手作者的我，整个写作过程都还算顺利。因为希望影响更多人创作，所以一直关注阳老师创作的相关课程，比如认知写作、信息分析、行为分析。他在非专业领域如何从事创作的方法论极其有价值，对我启发很大。感谢电子工业出版社综合出版分社的社长李影老师，作为新手作者，我在创作的过程中常常有不确定和不自信，在与李影老师的数次深度交谈中，她都给予了我很大的支持与鼓励。也感谢文字编辑诗文，她对本书的反馈和修改，也让我更坚定自己作品的价值。

在写这本书的很多环节中，我和共事的小伙伴有过很多交流，感谢你们。花明凤是一个播客捕手，打捞出过很多宝藏播客，我通过她了解了许多播客创作者的一手信息，了解到播客生动感人的那一面。刘俊灿是在中央人民广播电台工作过的职业音频节目制作人。在节目录制、设备工具选择以及剪辑上，他帮我补充了很多基础背景知识，也让我作为一个音频制作外行在非常短的时间内掌握最关键的技术和方法。邓白露是我《月球沙发客》的搭档主持，气氛组担当。她用热情、真诚陪我们的嘉宾还有听众度过了很多美好的夜晚。蔡庭秀做内容商业化相关的工作，跟我分享了播客商业化很有洞察力的观点。马芝芳跟我分享了很多播客商业化案例。王凤是云剪辑的产品经理，她的用心让我安利的时候自信满满、底气十足。唐晓晴是最资深的产品负责人，创作者服务从 0 ~ 1 这条道路不能少了她。

还要感谢跟我一起聊过的播客小伙伴：《时而散步》的主播六一、《微风不躁，郁见花开》的主播莹莹知心。你们接受了我的播客安利，同时也给我这本书提供了很有价值的反馈。这让我在写书的过程中信心不断增强，相信它可以给一些人提供价值。

平时要工作、带娃，要抽出写书的时间并不容易，感谢队友和家人为我分担很多，给了我很多支持。

最后也要感谢下自己，没有忘记十五年前自己立下的个人志向，没有放弃去传播成为一个创作者的意义。

写下这篇后记的时候，我在上海。2022年5月，一年中最明媚可爱的月份，因为疫情管控，我不能出去溜达。但是我买的鲜花都送到了，它们阳光下绽放，灿烂明媚。

生活总有这样那样的局限，也有意想不到的可能。我们是自己生活的导演，我们可以去写自己人生故事的脚本，丰富剧情。在未来的人生中，创作也必然成为生活的一部分，给生活添加滤镜，给人生施加魔法。谁都可以改变自己的人生，让自己幸福。

# 播客学习资源

### 节目：《共创播客》

《共创播客》的主播是关雅荻，他是电影制片人，有超过20年的电影产业从业经验，也是超马越野跑爱好者，在全世界范围内完成了超过30场超马越野跑比赛。

这是一系列通过直播对谈形式呈现的共创播客，录制一共有三场：

第一场是关雅荻和罗叔聊"未来的播客是怎样的"；

第二场是关雅荻和播客先声主理zacfire聊"国内外播客生态发展之差异"；

第三场是关雅荻在Myclub搜集关于播客新手的100个问题，并用超过5个小时的时间强力输出自己的见解。

经过简单的剪辑，这三场线上语音直播播客被制作成了超过100

期的播客问答节目。每期是 1 个独立的内容点，10 分钟左右，对听众收听和吸收其中知识点也非常轻松友好。

### 讲座：《如何从零开始制作优秀的播客节目》

史秀雄主业是一位心理咨询师，因为热爱听播客，从 2017 年开始，抱着试一试的心态，他开始制作个人播客节目。两年后，他的节目上榜了"2019 年苹果最佳播客"榜单。他主要做的是时长 1～2 个小时的长对话播客，每期节目均有数万收听，同时还能保持高达 50% 左右的完播率。凭借着丰富的播客知识和经验，他已经帮助朋友孵化了多个热门播客节目。

他在知乎 Live 发起了《如何从零开始制作优秀的播客节目》系列讲座。在这个讲座里，他分享了他从零开始做播客的全部经验，希望以此支持更多渴望表达和创造的朋友更加顺利地走上这条充满奇遇的道路。

### 公众号：播客先声

"播客先声"是一个关注播客行业发展的资讯类公众号。它会及时地关注播客行业的资讯和动态，和各个播客平台方交流和沟通，给播客主播提供社群服务，也帮助主播连接平台有资源的活动，等等。该公众号也会经常分享新手主播引导，例如组织资深的主播整理播客制作的经验手册。它也会推荐一些播客节目并采访节目主播，推荐的节目虽然新、小众，但内容普遍有深度，能够经得起时间的洗礼。

### 专栏：若有所播

"若有所播"是三明治推出的以"播客深度研究和访谈"为主要

内容的专栏。中国播客行业的浪潮持续涌动，各种话题在生活领域激荡，这档专栏用新鲜又内部的视角持续地关注这些播客热点。这档专栏采访了很多优秀的一线播客主播，让你有机会看到他们制作播客的细节，帮助你更好地掌握做好节目的方法。

### 线下活动：PodFest China

PodFest China 是中国首个围绕播客进行线下活动的品牌，它聚焦播客创新与观察，旨在成为服务中国播客社群的开放式平台。这个活动汇聚中国优秀的播客与音频内容制作者、发行方与播客爱好者，通过鼓励知识和技能共享，提高中国播客的制作水平并推动高质量音频内容、播客文化在中国的发展。参与它的线下活动，有机会和优秀的播客工作者面对面交流。

# 文中涉及的播客列表

《反波》（2005）

《有一说二》（2003）

《IT公论》（2013）

《梁文道·八分》（2018）

《音乐剧怎么听？每晚一首入心好歌》（2020）

《喷嚏》（2017）

*Blow Your Mind*（2017）

《一言不合》（2016）

《忽左忽右》（2018）

*Serial*（2014）

《高手的习惯》（2022）

《关雅荻·共创播客》（2021）

《故事FM》（2016）

《创业内幕》（2018）

《文化有限》（2020）

《神聊吧邦妮》（2020）

《创业内幕》（2018）

《硅谷101｜最前沿的科技趋势》（2020）

《无业游民》（2018）

《头号玩家｜最燃生活攻略》（2018）

《不在场》（2020）

《牛油果烤面包》（2019）

《跳岛FM》（2020）

《日知录》（2020）

《艺术叨叨》（2020）

《蒙台啥利》（2020）

《铥铥科幻电波》（2020）

《反潮流俱乐部》（2019）

《新气集》(2020)

《杯弓舌瘾》(2019)

《不赖电波》(2020)

《四分之一 Quarterlife》(2020)

《谐星聊天会》(2019)

《惊奇电台》(2020)

《世界莫名其妙物语》(2020)

《楼上两位 TableForTwo》(2021)

《三五环》(2019)

《天地无用》(2020)

《津津有味》(2022)

《体坛站着侃》(2021)

《电影真探》(2017)

《剧谈社丨翻译艺术品》(2020)

《基本无害 Mostly Harmless》(2020)

《过刊》(2020)

《超级游文化》(2019)

《天才捕手 FM》(2019)

《跳进兔子洞》(2022)

《谐星聊天会》(2019)

《壮游者》(2018)

《原汤话原食》(2021)

《Talk 三联》(2022)

《蜜獾吃书》(2022)

《沈奕斐的播客》(2020)

《东七门》(2022)

《半拿铁丨商业沉浮录》(2022)

《Heartly Daily 每日冥想》(2021)

《梁永安的播客》(2022)

《高能量》(2022)

《燕外之意》(2021)

《黑猫侦探社》(2021)

《Vista 看天下》(2022)

《姜思达》(2020)

《城市罐头》(2020)

《Vibration 歪波音室》(2019)

《月球沙发客》(2020)

《时而散步》(2021)

《来都来了》(2020)

《到海外去》(2019)

《跑题大会》(2018)

《我在故宫聊八卦》(2021)

《日谈公园》(2016)

《机核》(2014)

《跟宇宙结婚》(2015)

《艺术世界漫游指南》(2017)

《声东击西》(2016)

《What's Next 丨科技早知道》
    (2018)

《商业 WHY 酱》(2021)

《跳进兔子洞》(2022)

*podcast.ai*（2022）

# 参考文献
## REFERENCES

[1] 里奥斯. 从零开始做播客：创造网红主播[M]. 邵佳琪，译. 上海：上海译文出版社，2018.

[2] 董晹. 广播节目策划与制作[M]. 北京：北京广播学院出版社，2007.

[3] 应天常，王婷. 主持人即兴口语训练[M]. 北京：中国传媒大学出版社，2009.

[4] 克龙. 你能写出好故事：写作的诀窍、大脑的奥秘、认知的陷阱[M]. 秦竞竞，译. 西安：陕西人民出版社，2014.

[5] 钟耀林. 自疗＞治疗：叙事从我开始[M]. 北京：中国经济出版社，2019.

[6] 托马斯，特纳. 古典风格[M]. 李星星，叶富华，阳志平，译. 北京：电子工业出版社，2022.

[7] 徐洁. 好听：如何练就好声音[M]. 北京：中信出版社，2019.

[8] 沃利，戴伊. 7岁开始的哲学思维启蒙[M]. 北京：新华出版社，2017.

[9] 李立，宋锦燕. 突破认知困境看播客——从Web2.0时代到5G时代

[J]. 北京：中国广播，2019(4)，15-18.

[10] 刘瑞生. 播客：Web 2.0时代的典型传媒形态——国内播客现状研究[J]. 北京：现代电视技术，2006(11)，46-51.

[11] 刘艳青. 全媒体语境下国内新闻播客发展路径探索[J]. 重庆：新闻研究导刊，2020(20)，209-212.

[12] 彭碧萍. 新闻播客本质探讨及其情境化的声音景观构建[J]. 北京：中国广播，2021(1)，47-51.

[13] 宋青. 播客：音频媒介融合与"新听觉文化"[J]. 北京：中国广播，2019(4)，23-27.

[14] 吴思哲. 沙龙复兴与广播续章：中文播客的热度与冷性[J]. 北京：新媒体研究，2020(23)，81-84.

[15] 熊辉. 声音的回响：中国网络音频发展简史[J]. 北京：互联网经济，2017(07)，92-99.

[16] 张建中，索普. 新闻组织通过播客获取收入的8种方式[J]. 济南：青年记者，2020(28)，80-81.

[17] 张晓菲. 美国广播行业的播客业务发展现状与趋势[J]. 成都：新闻界，2016(18)，67-72.

[18] 孙冉. 个体叙事时代[J]. 北京：中国新闻周刊，2005(38)，54-57.

[19] 刘涛，朱思敏. 融合新闻的声音"景观"及其叙事语言[J]. 北京：新闻与写作，2020(12)，76-82.

[20] 高岩. 用最适合的方式讲述最有吸引力的故事——当新闻遇到广播剧[J]. 北京：中国广播，2017(03)，41-43.

[21] 蒋祎娜. 社会工作价值观的本土化探究[J]. 南昌：社会工作下半月（理论），2010(2)，17-19.

[22] 汤莉萍. 视听媒体新变革——播客网络传播研究 [D]. 四川：四川大学，2007.

[23] 张紫鸣. 网络播客与传统电视的比较研究 [D]. 长沙：中南大学，2009.

[24] 蒋祎娜. 大学生使用社交网站的现状以及在新浪微博中的自我呈现取向 [D]. 上海：华东师范大学，2012.